ORDONNANCES
DE
LOUIS XIV.
ROY DE FRANCE
ET DE NAVARRE.

Données à Saint Germain en Laye au mois de Mars 1673.

J. Lemaigre

A PARIS,
Chez les Associez choisis par ordre de sa MAJESTÉ pour l'impression de ses Nouvelles Ordonnances.

M. DC. LXXIII.

TABLE DES TITRES, ET DES FORMULES.

PRIVILEGE DU ROY.

LOUIS par la grace de Dieu Roy de France & de Navarre: A nos amez & feaux Conseillers les Gens tenans nos Cours de Parlement, Maistres des Requestes ordinaires de nostre Hostel, Grand Conseil, Baillifs, Senéchaux Prevosts, & tous autres nos Officiers & Justiciers qu'il appartiendra, Salut. Le soin que Nous avons pris de reformer toutes les parties de la Justice en nostre Royaume, par les Nouvelles Ordonnances que Nous avons faites, demeureroit imparfait & privé d'une partie des fruits que Nous en attendons, si Nous n'apportions aucune précaution pour empêcher les mauvaises éditions, peu correctes, mal à propos abregées ou amplifiées, qu'on pourroit faire de cet Ouvrage, aussitost qu'il aura paru au jour. A quoy on a toûjours estimé si necessaire de pourvoir en pareil cas, que celuy des Empereurs Chrestiens, que Nous nous sommes proposez d'imiter dans ce travail, & qui s'est acquis une gloire si longue & si durable pour avoir reduit la Jurisprudence Romaine en un corps, n'a pas manqué de regler, & de repeter mesme jusques à quatre ou cinq fois, en diverses Constitutions au devant du Digeste & du Code, la maniere exacte dont il entendoit que toutes les copies fussent écrites, avec de tres-expresses & tres-severes défenses de les écrire autrement. Mais aujourd'huy que l'usage de l'impression Nous donne plus de facilité à éviter de semblables inconveniens, Nous avons creu que sans descendre en un plus grand détail, il suffiroit qu'une seule personne nous répondist durant un fort grand nombre d'années de toutes les éditions qui se feront du Recueil de nos Ordonnances, recevant nos ordres particuliers pour cet effet, sur les avis que Nous peuvent donner nos principaux Officiers, & ceux mesme que Nous avons employez à la conduite d'un si grand dessein. C'est pourquoi Nous aurions cy-devant commis à cet effet Claude Preudhomme l'un de nos Valets de Chambre : mais ayant consideré depuis, qu'il estoit necessaire d'y commettre quelque Personne d'autorité & de consideration, à la fidelité & intelligence duquel Nous pûssions prendre une entiere confiance : A CES CAUSES, Nous aurions ordonné à nostre tres-cher & bien amé Cousin FRANÇOIS D'AUBUSSON, Pair de France, Duc de Roanez, Marquis de Boysy, Comte de la Feüillade, & nostre Lieutenant General dans nos Camps & Armées, d'en prendre le soin ; & pour cet effet avons revoqué & revoquons par ces Presentes signées de nostre main, le Privilege cy-devant accordé audit Preudhomme par nos Lettres données à Saint Germain en Laye le dix-huictiéme jour de Decembre 1666 & avons permis & permettons par ces mesmes Presentes à nostredit Cousin Duc de Roanez, de faire imprimer par tout nostre Royaume, Païs, Terres, & Seigneuries de nostre obeïssance, en telle marge & tels caracteres, & autant de fois qu'il sera à propos, par tels Imprimeurs ou Libraires qu'il aura choisis, *Le Corps & Compilation de nosdites Ordonnances nouvelles*, soit en un seul ou plusieurs Volumes, & par matieres & traitez separez, sous le Titre des *Ordonnances de* LOUIS XIV. *Roy de France & de Navarre*, & ce durant le temps & espace *de cinquante années*, à compter du jour qu'elles seront achevées d'imprimer pour la premiere fois: faisant tres-expresses défenses à toutes personnes, de quelque qualité & condition qu'elles soient, autres que celles qu'il aura choisies, de faire imprimer, vendre ni debiter en aucun endroit de ce Royaume, ledit Ouvrage, sous quelque pretexte que ce soit; & à toutes personnes d'en acheter, sans que la planche en taille douce que nostredit Cousin Duc de Roanez a fait graver par le nommé Mellan, y soit apposée, ni sans estre signé au bas de la derniere page par le Libraire qui l'aura vendu; mesme d'en apporter ni garder aucun exemplaire de ceux qui pourroient avoir esté contrefaits aux Païs étrangers, à peine de vingt mille livres d'amende, payable sans déport, par chacun des contrevenans, applicable un tiers à l'Hostel Dieu de nostre bonne Ville de Paris, un tiers à nostre-dit Cousin Duc de Roanez, & un tiers au dénonciateur; confiscation des exemplaires, de tous despens, dommages & interests, & d'autre punition arbitraire s'il y échet, selon la qualité des contraventions. A condition que dudit Ouvrage il sera mis deux exemplaires en nostre Bibliotheque publique, & un en celle servant à nostre Personne, en nostre Château du Louvre, au lieu appellé le Cabinet des Livres, & un en celle de nostre cher & feal Chancelier de France le Sieur Seguier, avant que d'en exposer aucuns en vente, à peine de nullité des Presentes. Du contenu desquelles Nous vous mandons que vous fassiez joüir pleinement & paisiblement nostredit Cousin Duc de Roanez, & ceux qui auront droit de luy, sans permettre qu'il luy soit fait aucun trouble ni empeschement. Voulons qu'en mettant au commencement ou à la fin du Livre, copie ou extrait des Presentes, elles soient tenuës bien & deuëment signifiées, & que foy soit ajoûtée aux copies d'icelles collationnées par l'un de nos amez & feaux Conseillers & Secretaires, comme à l'Original. Et afin que pendant que nostredit Cousin Duc de Roanez fait travailler ausdites impressions, ni aprés qu'elles seront achevées, personne ne présume sous pretexte d'ignorance d'en vendre ou acheter des exemplaires contre-faits: Voulons & entendons que copies de ces mesmes Presentes collationnées comme dessus, soient envoyées & registrées en tous les Sieges Presidiaux, Balliages, & Senéchaussées de nostre Royaume, à la diligence de nos Procureurs Generaux, ausquels Nous enjoignons de le faire, à peine d'en répondre en leurs propres & privez noms. Mandons au premier Huissier ou Sergent sur ce requis, de faire pour l'execution des Presentes tous Actes necessaires, sans demander aucune permission. CAR tel est nostre plaisir. Nonobstant oppositions ou appellations quelconques; & sans préjudice d'icelles, dont si aucunes interviennent, Nous nous reservons la connoissance & à nostre Conseil, l'interdisant à toutes nos Cours & Juges: Nonobstant aussi clameur de Haro, Chartre Normande, & autres Lettres à ce contraires. Donné à Saint Germain en Laye le quinziéme jour de May, l'an de grace mil six cens soixante sept: & de nostre regne le vingt-quatriéme. Signé, LOUIS, *Et plus bas*, Par le Roy, DE GUENEGAUD, & scellé du grand sceau de cire jaune.

Registré sur le Livre de la Communauté des Libraires & Imprimeurs de Paris, le 25. Iuin 1667. suivant l'Arrest du Parlement du 8. *Avril.* 1653. *& celuy du Conseil Privé du Roy du* 27. *Fevrier* 1665. *Signé*, S. PIGET, *Syndic.*

Monseigneur le Duc de Roanez a cedé ledit Privilege à Thomas Jolly & Denys Thierry, Libraires & Imprimeurs à Paris, pour la jouïssance d'un tiers, avec pouvoir d'y associer qui bon leur semblera, suivant le Contrat du 20. Janvier 1667. fait entre ledit Seigneur & lesdits Jolly & Thierry, & l'acte du 21. May de la mesme année; le tout passé pardevant Notaires au Chastelet de Paris.

Lesdits Jolly & Thierry ont associé au tiers dudit Privilege R. Ballard, les Veuves Denys Thierry, Martin, Piget & la Coste, G. de Luynes, J. du Puis, C. Barbin, E. Loyson, R. Guignard & P. Auboin.

EDIT

EDIT DU ROY,

SERVANT DE REGLEMENT pour le Commerce des Negocians & Marchands, tant en gros qu'en détail.

LOUIS PAR LA GRACE DE DIEU ROY DE FRANCE ET DE NAVARRE, A tous presens & à venir, SALUT. Comme le Commerce est la source de l'abondance publique & de la richesse des particuliers, Nous avons depuis plusieurs années appliqué nos soins pour le rendre floriſſant dans noſtre Royaume. C'eſt ce qui Nous a porté premierement à eriger parmi nos ſujets pluſieurs Compagnies, par le moyen deſquelles ils tirent preſentement des païs les plus éloignez ce qu'ils n'avoient auparavant que par l'entremiſe des autres Nations. C'eſt ce qui Nous a engagé enſuite à faire conſtruire & armer grand nombre de vaiſſeaux pour l'avancement de la navigation, & à employer la force de nos armes par mer & par terre pour en maintenir la ſeureté. Ces établiſſemens ayant eu tout le ſuccés que Nous en attendions, Nous avons crû eſtre obligez de pourvoir à leur durée par des Reglemens capables d'aſſeurer parmi les Negocians la bonne foy contre la fraude, & de prevenir les obſtacles qui les détournent de leur employ par la longueur des procés, & conſomment en frais le plus liquide de ce qu'ils ont acquis. A CES CAUSES, de l'avis de noſtre Conſeil, & de noſtre certaine ſcience, pleine puiſſance & autorité Royale; Nous avons dit, declaré, & ordonné, diſons, declarons, ordonnons & Nous plaiſt ce qui enſuit.

TITRE PREMIER.

Des Apprentifs, Negocians, & Marchands, tant en gros qu'en détail.

ARTICLE PREMIER.

ES lieux où il y a maistrise de Marchands, les Apprentifs Marchands seront tenus d'accomplir le temps porté par les Statuts : neantmoins les Enfans de Marchands seront reputez avoir fait leur apprentissage, lorsqu'ils auront demeuré actuellement en la maison de leur pere ou de leur mere, faisant profession de la mesme marchandise, jusques à dix-sept ans accomplis.

ARTICLE II.

CELUY qui aura fait son apprentissage, sera tenu de demeurer encore autant de temps chez son maistre, ou un autre Marchand de pareille profesſion ; ce qui aura lieu pareillement à l'égard des fils de Maiſtres.

ARTICLE III.

Aucun ne ſera receu Marchand qu'il n'ait vingt ans accomplis, & ne rapporte le brevet & les certificats d'apprentiſſage & du ſervice fait depuis. Et en cas que le contenu és certificats ne fuſt veritable, l'Aſpirant ſera décheu de la maiſtriſe ; le Maiſtre d'apprentiſſage qui aura donné ſon certificat, condamné en cinq cens livres d'amende, & les autres Certificateurs chacun en trois cens livres.

ARTICLE IV.

L'Aspirant à la Maiſtriſe ſera interrogé ſur les Livres & Regiſtres à partie double & à partie ſimple, ſur les Lettres & Billets de Change, ſur les Regles d'Arithmetique, ſur la partie de l'Aune, ſur la Livre & poids de Marc, ſur les Meſures & les qualitez de la Marchandiſe, autant qu'il conviendra pour le Commerce dont il entend ſe meſler.

ARTICLE V.

DE'FENDONS aux particuliers & aux Communautez de prendre ni recevoir des Aſpirans aucuns preſens pour leur reception, ni autres droits que ceux qui ſont portez par les Statuts, ſous quelque pretexte que ce puiſſe eſtre, à peine d'amende, qui ne pourra eſtre moindre de cent livres. Défendons auſſi à l'Aſpirant de faire aucun feſtin, à peine de nullité de ſa reception.

ARTICLE VI.

TOUS Negocians & Marchands en gros ou en détail; comme auſſi les Banquiers, ſeront reputez majeurs pour le fait de leur Commerce & Banque, ſans qu'ils puiſſent eſtre reſtituez ſous pretexte de minorité.

ARTICLE VII.

LES Marchands en gros & en détail, & les Maçons, Charpentiers, Couvreurs, Serruriers, Vitriers, Plombiers, Paveurs, & autres de pareille qualité, seront tenus de demander payement dans l'an aprés la délivrance.

ARTICLE VIII.

L'ACTION sera intentée dans six mois pour marchandises & denrées venduës en détail par Boulangers, Pastissiers, Bouchers, Rôtisseurs, Cuisiniers, Coûturiers, Passementiers, Selliers, Bourreliers, & autres semblables.

ARTICLE IX.

VOULONS le contenu és deux Articles cy-dessus avoir lieu, encore qu'il y eust eu continuation de fourniture ou d'ouvrage; si ce n'est qu'avant l'année ou les six mois, il y eust un compte arresté, sommation ou interpellation judiciaire, cedule, obligation, ou contract.

ARTICLE X.

POURRONT neantmoins les Marchands & Ouvriers déferer le serment à ceux ausquels la fourniture aura esté faite, les assigner, & les faire interroger. Et à l'égard des Veuves, Tuteurs de leurs enfans, Heritiers & ayans cauſe, leur faire declarer s'ils ſçavent que la choſe eſt deuë, encore que l'année ou les ſix mois ſoient expirez.

ARTICLE XI.

Tous Negocians & Marchands, tant en gros qu'en détail, auront chacun à leur égard des aunes ferrées par les deux bouts & marquées, ou des poids & meſures étalonnées. Leur défendons de s'en ſervir d'autres, à peine de faux, & de cent cinquante livres d'amende.

TITRE SECOND.

Des Agens de Banque, & Courtiers.

ARTICLE I.

DEFENDONS aux Agens de Banque & de Change, de faire le Change ou tenir Banque pour leur compte particulier, ſous leur nom ou ſous des noms interpoſez, directement ou indirectement, à peine de privation de leurs charges, & de quinze cens livres d'amende.

ARTICLE II.

NE pourront auſſi les Courtiers de Marchandiſe en faire aucun trafic pour leur compte, ni tenir quaiſſe chez eux, ou ſigner des Lettres de Change par aval. Pourront neantmoins certifier que la ſignature des Lettres de Change eſt veritable.

ARTICLE

ARTICLE III.

Ceux qui auront obtenu des Lettres de repy, fait Contract d'atermoiement, ou fait faillite, ne pourront estre Agens de Change ou de Banque, ou Courtiers de Marchandise.

TITRE III.

Des Livres & Registres des Negocians, Marchands, & Banquiers.

ARTICLE I.

Les Negocians & Marchands tant en gros qu'en détail auront un Livre qui contiendra tout leur Negoce, leurs Lettres de Change, leurs debtes actives & passives; & les deniers employez à la dépense de leur maison.

ARTICLE II.

Les Agens de Change & de Banque tiendront un Livre journal, dans lequel seront inserées toutes les parties par eux negociées, pour y avoir recours en cas de contestation.

ARTICLE III.

Les Livres des Negocians & Marchands tant en gros qu'en détail, seront signez sur le premier & dernier feüillet, par l'un des Consuls dans les Villes où il y a jurisdiction Consulaire; & dans les autres, par le Maire ou l'un des Echevins, sans frais ni droits, & les feüillets paraphez & cottez par premier & dernier, de la main de ceux qui auront esté commis par les Consuls ou Maire & Echevins, dont sera fait mention au premier feüillet.

ARTICLE IV.

Les Livres des Agens de Change & de Banque seront cottez, signez & paraphez par l'un des Consuls sur chaque feüillet, & mention sera faite dans le premier, du nom de l'Agent de Change ou de Banque; de la qualité du Livre, s'il doit servir de Journal ou pour la quaisse; & si c'est le premier, second ou autre, dont sera fait mention sur le Registre du Greffe de la Jurisdiction Consulaire, ou de l'Hostel de Ville.

ARTICLE V.

Les Livres Journaux seront écrits d'une mesme suite par ordre de date sans aucun blanc, arrestez en chaque Chapitre & à la fin ; & ne sera rien écrit aux marges.

ARTICLE VI.

Tous Negocians, Marchands & Agens de Change & de Banque, seront tenus dans six mois aprés la publication de nostre presente Ordonnance, de faire de nouveaux Livres Journaux & Registres, signez, cottez & paraphez suivant qu'il est cy-dessus ordonné ; dans lesquels ils pourront si bon leur semble porter les Extraits de leurs anciens Livres.

ARTICLE VII.

Tous Negocians & Marchands tant en gros qu'en detail, mettront en Liasse les Lettres missives qu'ils recevront ; & en Registre la Copie de celles qu'ils écriront.

ARTICLE VIII.

SERONT aussi tenus tous les Marchands de faire dans le mesme délay de six mois, inventaire sous leur sein de tous leurs effets mobiliers & immobiliers, & de leurs debtes actives & passives, lequel sera recollé & renouvellé de deux ans en deux ans.

ARTICLE IX.

LA representation ou communication des Livres Journaux, Registres, ou Inventaires, ne pourra estre requise ni ordonnée en Justice, sinon pour succession, communauté & partage de societé en cas de faillite.

ARTICLE X.

AU cas neantmoins qu'un Negociant ou un Marchand voulust se servir de ses Livres Journaux, & Registres, ou que la partie offrist d'y ajoûter foy, la representation pourra estre ordonnée pour en extraire ce qui concernera le different.

TITRE IV.

Des Societez.

ARTICLE I.

TOUTE Societé generale ou en commendite sera redigée par écrit ou pardevant Notaires, ou sous signature privée ; & ne sera receuë aucune preuve par témoins, contre & outre le contenu en l'acte de societé, ni sur ce qui seroit allegué avoir esté dit, avant, lors ou depuis l'acte, encore qu'il s'agist d'une somme ou valeur moindre de cent livres.

ARTICLE II.

L'EXTRAIT des Societez entre Marchands & Negocians, tant en gros qu'en détail, sera registré au Greffe de la Jurisdiction Consulaire, s'il y en a, sinon en celuy de l'Hostel commun de la Ville ; & s'il n'y en a point, au Greffe de nos Juges des lieux, ou de ceux des Seigneurs ; & l'extrait inſeré dans un tableau expoſé en lieu public ; le tout à peine de nullité des Actes & Contracts paſſez, tant entre les Aſſociez qu'avec leurs Creanciers & ayans cauſe.

ARTICLE III.

Aucun Extrait de Societé ne ſera enregiſtré, s'il n'eſt ſigné ou des Aſſociez, ou de ceux qui auront ſouffert la Societé, & ne contient les noms, ſurnoms, qualitez & demeure des Aſſociez, & les clauſes extraordinaires, s'il y en a, pour la ſignature des Actes, le temps auquel elle doit commencer & finir ; & ne ſera reputée continuée, s'il n'y en a un acte par écrit, pareillement enregiſtré & affiché.

ARTICLE IV.

Tous Actes portant changemens d'Aſſociez, nouvelles ſtipulations ou clauſes pour la ſignature ſeront enregiſtrez & publiez, & n'auront lieu que du jour de la publication.

ARTICLE V.

Ne ſera pris par les Greffiers pour l'enregiſtrement de la Societé & la transcription dans le tableau, que cinq sols ; & pour chaque Extrait qu'il en delivrera, trois sols.

ARTICLE VI.

LES Societez n'auront effet à l'égard des Associez, leurs Veuves & Heritiers, Creanciers & ayans cause, que du jour qu'elles auront esté registrées & publiées au Greffe du domicile de tous les Contractans, & du lieu où ils auront magazin.

ARTICLE VII.

TOUS Associez seront obligez solidairement aux debtes de la Societé, encore qu'il n'y en ait qu'un qui ait signé ; au cas qu'il ait signé pour la compagnie & non autrement.

ARTICLE VIII.

LES Associez en commendite ne seront obligez que jusques à la concurrence de leur part.

ARTICLE

ARTICLE IX.

TOUTE Societé contiendra la clauſe de ſe ſoûmettre aux Arbitres pour les conteſtations qui ſurviendront entre les Aſſociez ; & encore que la clauſe fuſt omiſe, un des Aſſociez en pourra nommer, ce que les autres ſeront tenus de faire : ſinon en ſera nommé par le Juge pour ceux qui en feront refus.

ARTICLE X.

VOULONS auſſi qu'en cas de decés ou de longue abſence d'un des Arbitres, les Aſſociez en nomment d'autres : ſinon il en ſera pourveu par le Juge pour les refuſans.

ARTICLE XI.

EN cas que les Arbitres ſoient partagez en opinions, ils pourront convenir de Surarbitre ſans le conſentement des parties ; & s'ils n'en conviennent, il en ſera nommé un par le Juge.

ARTICLE XII.

LES Arbitres pourront juger ſur les pieces & memoires qui leur ſeront remis, ſans aucune formalité de Juſtice, nonobſtant l'abſence de quelqu'une des parties.

ARTICLE XIII.

LES Sentences arbitrales entre Aſſociez pour Negoce, Marchandiſe ou Banque, ſeront homologuées en la Juriſdiction Conſulaire, s'il y en a; ſinon és Sieges ordinaires de nos Juges, ou de ceux des Seigneurs.

ARTICLE XIV.

TOUT ce que deſſus aura lieu à l'égard des Veuves, Heritiers, & ayans cauſe des Aſſociez.

TITRE CINQUIE'ME.

Des Lettres & Billets de Change, & promesses d'en fournir.

ARTICLE I.

LES Lettres de Change contiendront sommairement le nom de ceux ausquels le contenu devra estre payé, le temps du payement, le nom de celuy qui en a donné la valeur; & si elle a esté receuë en deniers, marchandise, ou autres effets.

ARTICLE II.

TOUTES Lettres de Change seront acceptées par écrit purement & simplement. Abrogeons l'usage de les accepter verbalement, ou par ces mots: *Veu sans accepter*; ou, *Accepté pour repondre à temps*; & toutes autres acceptations sous condition, lesquelles passeront pour refus: & pourront les Lettres estre protestées.

ARTICLE III.

En cas de Proteſt de la Lettre de Change, elle pourra eſtre acquittée par tout autre que celuy ſur qui elle aura eſté tirée; & au moyen du payement il demeurera ſubrogé en tous les droits du porteur de la Lettre, quoy-qu'il n'en ait point de tranſport, ſubrogation, ni ordre.

ARTICLE IV.

Les porteurs de Lettres qui auront eſté acceptées, ou dont le payement échet à jour certain, ſeront tenus de les faire payer, ou proteſter dans dix jours aprés celuy de l'écheance.

ARTICLE V.

Les uſances pour le payement des Lettres ſeront de trente jours, encore que les mois ayent plus ou moins de jours.

ARTICLE VI.

Dans les dix jours acquis pour le temps du Proteſt, ſeront compris ceux de l'écheance & du

Protest, des Dimanches, & des Festes, mesme des solennelles.

ARTICLE VII.

N'ENTENDONS rien innover à nostre Reglement du second jour de Juin mil six cens soixante-sept pour les acceptations, les payemens & autres dispositions concernant le Commerce dans nostre ville de Lyon.

ARTICLE VIII.

LES Protests ne pourront estre faits que par deux Notaires, ou un Notaire & deux témoins, ou par un Huissier ou Sergent, mesme de la Justice Consulaire, avec deux Recors; & contiendront le nom & le domicile des Témoins, ou Recors.

ARTICLE IX.

DANS l'acte de Protest les Lettres de Change seront transcrites avec les ordres & les réponses, s'il y en a; & la copie du tout signée sera laissée à la partie, à peine de faux, & des dommages & interests.

ARTICLE X.

Le Proteſt ne pourra eſtre ſuppleé par aucun autre acte.

ARTICLE XI.

Aprés le Proteſt celuy qui aura accepté la Lettre, pourra eſtre pourſuivi à la requeſte de celuy qui en ſera le porteur.

ARTICLE XII.

Les porteurs pourront auſſi par la permiſſion du Juge ſaiſir les effets de ceux qui auront tiré ou endoſſé les Lettres, encore qu'elles ayent eſté acceptées ; meſme les effets de ceux ſur leſquels elles auront eſté tirées, en cas qu'ils les ayent acceptées.

ARTICLE XIII.

Ceux qui auront tiré ou endoſſé les Lettres, ſeront pourſuivis en garantie dans la quinzaine, s'ils ſont domiciliez dans la diſtance de dix lieuës & au delà, à raiſon d'vn jour pour cinq lieuës, sans distinction du ressort des Parlemens ; sçavoir pour les personnes domiciliées dans nostre Royaume : Et hors iceluy les delais seront de deux mois pour les personnes domiciliées en Angleterre, Flandre, ou Hollande ; de trois mois pour l'Italie, l'Allemagne & les Cantons Suisses ; de quatre mois pour l'Espagne ; de six pour le Portugal, la Suede & le Dannemark.

ARTICLE XIV.

Les delais cy-dessus seront comptez du lendemain des Protests, jusques au jour de l'action en garantie inclusivement, sans distinction de Dimanches & jours de Festes.

ARTICLE XV.

Aprés les delais cy-dessus les porteurs des Lettres seront non-recevables dans leur action en garantie, & toute autre demande contre les tireurs & endosseurs.

ARTICLE XVI.

Les tireurs ou endosseurs des Lettres seront tenus de prouver en cas de denegation, que ceux ſur qui elles eſtoient tirées, leur eſtoient redevables, ou avoient proviſion au temps qu'elles ont deu eſtre proteſtées; ſinon ils ſeront tenus de les garantir.

ARTICLE XVII.

Si depuis le temps reglé pour le Proteſt les tireurs ou endoſſeurs ont receu la valeur en argent ou marchandiſe, par compte, compenſation, ou autrement, ils ſeront auſſi tenus de la garantie.

ARTICLE XVIII.

La Lettre payable à un particulier, & non au porteur, ou à ordre, eſtant adhirée, le payement en pourra eſtre pourſuivi & fait en vertu d'une ſeconde Lettre, ſans donner caution, & faiſant mention que c'eſt une ſeconde Lettre, & que la premiere ou autre precedente demeurera nulle.

ARTICLE XIX.

Au cas que la Lettre adhirée ſoit payable au porteur, ou à ordre, le payement n'en ſera fait que par ordonnance du Juge, & en baillant caution de garantir le payement qui en ſera fait.

ARTICLE

ARTICLE XX.

LES cautions baillées pour l'evenement des Lettres de Change seront déchargées de plein droit, sans qu'il soit besoin d'aucun Jugement, procedure, ou sommation, s'il n'en est fait aucune demande pendant trois ans, à compter du jour des dernieres poursuites.

ARTICLE XXI.

LES Lettres ou Billets de Change seront reputez acquittez aprés cinq ans de cessation de demande & poursuites, à compter du lendemain de l'écheance ou du Protest, ou de la derniere poursuite. Neanmoins les pretendus debiteurs seront tenus d'affirmer, s'ils en sont requis, qu'ils ne sont plus redevables; & leurs veuves, heritiers, ou ayans cause, qu'ils estiment de bonne foy qu'il n'est plus rien deu.

ARTICLE XXII.

Le contenu és deux Articles cy-dessus aura lieu à l'égard des mineurs & des absens.

ARTICLE XXIII.

Les ſignatures au dos des Lettres de Change ne ſerviront que d'endoſſement, & non d'ordre, s'il n'eſt daté, & ne contient le nom de celuy qui a payé la valeur en argent, marchandiſe, ou autrement.

ARTICLE XXIV.

Les Lettres de Change endoſſées dans les formes preſcrites par l'Article precedent, appartiendront à celuy du nom duquel l'ordre ſera rempli, ſans qu'il ait beſoin de tranſport, ni de ſignification.

ARTICLE XXV.

Au cas que l'endoſſement ne ſoit pas dans les formes cy-deſſus, les Lettres ſeront reputées appartenir à celuy qui les aura endoſſées; & pourront eſtre ſaiſies par ſes creanciers, & compenſées par ſes redevables.

ARTICLE XXVI.

DEFENDONS d'antidater les ordres, à peine de faux.

ARTICLE XXVII.

AUCUN Billet ne ſera reputé Billet de Change, ſi ce n'eſt pour Lettres de Change qui auront eſté fournies, ou qui le devront eſtre.

ARTICLE XXVIII.

LES Billets pour Lettres de Change fournies feront mention de celuy ſur qui elles auront eſté tirées, qui en aura payé la valeur, & ſi le payement a eſté fait en deniers, marchandiſe, ou autres effets, à peine de nullité.

ARTICLE XXIX.

LES Billets pour Lettres de Change à fournir feront mention du lieu où elles ſeront tirées, & ſi la valeur en a eſté receuë, & de quelles perſonnes, auſſi à peine de nullité.

ARTICLE XXX.

Les Billets de Change payables à un particulier y nommé, ne seront reputez appartenir à autre, encore qu'il y eust un transport signifié, s'ils ne sont payables au porteur, ou à ordre.

ARTICLE XXXI.

Le porteur d'vn Billet negocié sera tenu de faire ses diligences contre le debiteur dans dix jours, s'il est pour valeur receuë en deniers, ou en Lettres de Change qui auront esté fournies, ou qui le devront estre ; & dans trois mois, s'il est pour marchandise, ou autres effets. Et seront les delais comptez du lendemain de l'écheance, iceluy compris.

ARTICLE XXXII.

A faute du payement du contenu dans un Billet de Change, le porteur fera signifier ses diligences à celuy qui aura signé le Billet ou l'ordre ; & l'assignation en garantie sera donnée dans les delais cy-dessus prescrits pour les Lettres de Change.

ARTICLE XXXIII.

Ceux qui auront mis leur aval ſur des Lettres de Change, ſur des promeſſes d'en fournir, ſur des ordres, ou des acceptations, ſur des Billets de Change, ou autres actes de pareille qualité concernant le Commerce, ſeront tenus ſolidairement avec les tireurs, prometteurs, endoſſeurs & accepteurs, encore qu'il n'en ſoit pas fait mention dans l'aval.

TITRE SIXIE'ME.

Des interests du Change & Rechange.

ARTICLE I.

DEFENDONS aux Negocians, Marchands, & à tous autres, de comprendre l'interest avec le principal, dans les Lettres ou Billets de Change, ou aucun autre acte.

ARTICLE II.

LES Negocians, Marchands, & aucun autre, ne pourront prendre l'interest d'interest, sous quelque pretexte que ce soit.

ARTICLE III.

LE prix du Change sera reglé, suivant le cours du lieu où la Lettre sera tirée, eu égard à celuy où la remise sera faite.

ARTICLE IV.

Ne sera deu aucun Rechange pour le retour des Lettres, s'il n'est justifié par pieces valables, qu'il a esté pris de l'argent dans le lieu auquel la Lettre aura esté tirée; sinon le Rechange ne sera que pour la restitution du Change avec l'interest, les frais du Protest, & du voyage, s'il en a esté fait, aprés l'affirmation en Justice.

ARTICLE V.

La Lettre de Change, mesme payable au porteur, ou à ordre, estant protestée, le Rechange ne sera deu par celuy qui l'aura tirée, que pour le lieu où la remise aura esté faite, & non pour les autres lieux où elle aura esté negociée; sauf à se pourvoir par le porteur contre les endosseurs, pour le payement du Rechange des lieux où elle aura esté negociée suivant leur ordre.

ARTICLE VI.

Le Rechange sera deu par le tireur des Lettres negociées, pour les lieux où le pouvoir de negocier est donné par les Lettres, & pour tous les autres, si le pouvoir de negocier est indefini, & pour tous les lieux.

ARTICLE VII.

L'INTEREST du principal & du Change sera deu du jour du Protest, encore qu'il n'ait esté demandé en Justice. Celuy du Rechange, des frais du Protest & du voyage, ne sera deu que du jour de la demande.

ARTICLE VIII.

AUCUN prest ne sera fait sous gage, qu'il n'y en ait un Acte pardevant Notaire, dont sera retenu minute, & qui contiendra la somme prestée, & les gages qui auront esté délivrez, à peine de restitution des gages, à laquelle le presteur sera contraint par corps, sans qu'il puisse pretendre de privilege sur les gages, sauf à exercer ses autres actions.

ARTICLE IX.

LES gages qui ne pourront estre exprimez dans l'obligation, seront enoncez dans une facture ou inventaire, dont sera fait mention dans

dans l'obligation ; & la facture ou inventaire contiendront la quantité, qualité, poids, & mesure des marchandises ou autres effets donnez en gage, sous les peines portées par l'Article precedent.

TITRE SEPTIE'ME.

Des Contraintes par corps.

ARTICLE I.

CEux qui auront ſigné des Lettres ou Billets de Change, pourront eſtre contraints par corps; enſemble ceux qui y auront mis leur aval; qui auront promis d'en fournir, avec remiſe de place en place; qui auront fait des promeſſes pour Lettres de Change à eux fournies, ou qui le devront eſtre, entre tous Negocians ou Marchands qui auront ſigné des Billets pour valeur receuë comptant, ou en marchandiſe, ſoit qu'ils doivent eſtre acquittez à vn particulier y nommé, ou à ſon ordre, ou au porteur.

ARTICLE II.

LES mesmes Contraintes auront lieu pour l'execution des Contracts maritimes, grosses aventures, chartres, parties, ventes & achats de Vaisseaux, pour le fret & le naulage.

TITRE HUITIEME.

Des Separations de biens.

ARTICLE I.

DANS les lieux où la communauté de biens d'entre mari & femme eſt établie par la Coûtume ou par l'Uſage, la clauſe qui y dérogera dans les Contracts de mariage des Marchands groſſiers ou détailleurs, & des Banquiers, ſera publiée à l'Audience de la Juriſdiction Conſulaire, s'il y en a; ſinon dans l'aſſemblée de l'Hoſtel commun des villes; & inſerée dans vn tableau expoſé en lieu public, à peine de nullité: & la clauſe n'aura lieu, que du jour qu'elle aura eſté publiée & enregiſtrée.

ARTICLE II.

VOULONS le mesme estre observé entre les Negocians & Marchands, tant en gros qu'en détail, & Banquiers, pour les Separations de biens d'entre mari & femme, outre les autres formalitez en tel cas requises.

TITRE NEUFIEME.

Des Défenses & Lettres de Répy.

ARTICLE I.

AUCUN Negociant, Marchand ou Banquier, ne pourra obtenir des Défenses generales de le contraindre, ou Lettres de Répy, qu'il n'ait mis au Greffe de la Jurisdiction dans laquelle les Défenses ou l'enterinement des Lettres devront estre poursuivis, de la Jurisdiction Consulaire, s'il y en a, ou de l'Hostel commun de la ville, un état certifié de tous ses effets, tant meubles qu'immeubles, & de ses dettes; & qu'il n'ait representé à ses Creanciers, ou à ceux qui seront par eux commis, s'ils le requierent, ses Livres & Registres, dont il sera tenu d'attacher le Certificat sous le contrescel des Lettres.

ARTICLE II.

Au cas que l'Etat se trouve frauduleux, ceux qui auront obtenu des Lettres ou des Défenses, en seront décheus, encore qu'elles ayent esté enterinées, ou accordées contradictoirement; & le Demandeur ne pourra plus en obtenir d'autres, ni estre receu au benefice de Cession.

ARTICLE III.

Les Défenses generales & les Lettres de Répy seront signifiées dans huitaine aux Creanciers, & autres interessez qui seront sur les lieux; & n'auront effet qu'à l'égard de ceux ausquels la signification en aura esté faite.

ARTICLE IV.

Ceux qui auront obtenu des Défenses generales, ou des Lettres de Répy, ne pourront payer ou préferer aucun Creancier au prejudice des autres, à peine de décheoir des Lettres & Défenses.

ARTICLE V.

VOULONS que ceux qui auront obtenu des Lettres de Répy, ou des Défenses generales, ne puissent estre éleus Maires ou Echevins des villes, Juges ou Consuls des Marchands, ni avoir voix active & passive dans les Corps & Communautez, ni estre Administrateurs des Hospitaux, ni parvenir aux autres fonctions publiques; & mesme qu'ils en soient exclus, en cas qu'ils fussent actuellement en charge.

TITRE X.

TITRE X.

Des Cessions de biens.

ARTICLE I.

OUTRE les formalitez ordinairement observées pour recevoir au benefice de Cession de biens, les Negocians & Marchands en gros & en détail, & les Banquiers; les Impetrans seront tenus de comparoir en personnes à l'audience de la Jurisdiction Consulaire, s'il y en a; sinon en l'assemblée de l'Hostel commun des Villes, pour y declarer leur nom, surnom, qualité & demeure, & qu'ils ont esté receus à faire Cession de biens: Et sera leur Declaration leuë & publiée par le Greffier, & inserée dans un tableau public.

ARTICLE II.

Les Etrangers qui n'auront obtenu nos Lettres de Naturalité ou de declaration de Naturalité, ne seront receus à faire Cession.

TITRE XI.

Des Faillites & Banqueroutes.

ARTICLE I.

LA Faillite ou Banqueroute sera reputée ouverte du jour que le debiteur se sera retiré, ou que le scellé aura esté apposé sur ses biens.

ARTICLE II.

CEUX qui auront fait Faillite, seront tenus de donner à leurs Creanciers un Estat certifié d'eux, de tout ce qu'ils possedent, & de tout ce qu'ils doivent.

ARTICLE III.

LES Negocians, Marchands & Banquiers seront encore tenus de representer tous leurs Livres & Registres cottez & paraphez en la forme prescrite par les Articles 1. 2. 4. 5. 6. & 7. du Titre III. cy-dessus, pour estre remis au Greffe des Juges & Consuls, s'il y en a, sinon de l'Hostel commun des villes, ou és mains des Creanciers, à leur choix.

ARTICLE IV.

DECLARONS nuls tous transports, cessions, ventes & donations de biens meubles ou immeubles, faits en fraude des Creanciers. Voulons qu'ils soient rapportez à la masse commune des effets.

ARTICLE V.

LES resolutions prises dans l'assemblée des Creanciers à la pluralité des voix pour le recouvrement des effets, ou l'acquit des dettes, seront executées par provision, & nonobstant toutes oppositions ou appellations.

ARTICLE VI.

LES voix des Creanciers prévaudront, non par le nombre des personnes, mais eu égard à ce qui leur sera deu, s'il monte aux trois quarts du total des dettes.

ARTICLE VII.

En cas d'opposition ou de refus de signer les déliberations par les Creanciers, dont les creances n'excederont le quart du total des dettes, Voulons qu'elles soient homologuées en Justice, & executées comme s'ils avoient tous signé.

ARTICLE VIII.

N'entendons neantmoins déroger aux Privileges sur les meubles, ni aux Privileges & hypotheques sur les immeubles, qui seront conservez; sans que ceux qui auront privilege ou hypotheque, puissent estre tenus d'entrer en aucune composition, remise ou atermoyement, à cause des sommes pour lesquelles ils auront privilege ou hypotheque.

ARTICLE IX.

Les deniers comptans & ceux qui procederont de la vente des meubles & des effets mobiliers, seront mis és mains de ceux qui seront nommez par les Creanciers à la pluralité des voix; & ne pourront estre vendiquez par les Receveurs des

Consignations, Greffiers, Notaires, Huissiers, Sergens, ou autres personnes publiques; ni pris sur iceux aucun droit par eux ou les dépositaires, à peine de concussion.

ARTICLE X.

DECLARONS Banqueroutiers frauduleux, ceux qui auront diverty leurs effets, supposé des Creanciers, ou declaré plus qu'il n'estoit deu aux veritables Creanciers.

ARTICLE XI.

LES Negotians & les Marchands tant en gros qu'en détail, & les Banquiers, qui lors de leur Faillite ne representeront pas leurs Registres & Journaux, signez & paraphez comme Nous avons ordonné dy dessus, pourront estre reputez Banqueroutiers frauduleux.

ARTICLE XII.

LES banqueroutiers frauduleux seront poursuivis extraordinairement, & punis de mort.

ARTICLE XIII.

Ceux qui auront aidé ou favorisé la Banqueroute frauduleuse, en divertissant les effets, acceptant des transports, ventes ou donations simulées, & qu'ils sçauront estre en fraude des Creanciers, ou se declarant Creanciers ne l'estant pas, ou pour plus grande somme que celle qui leur estoit deuë, seront condamnez en quinze cens livres d'amende, & au double de ce qu'ils auront diverty ou trop demandé, au profit des Creanciers.

TITRE XII.

De la Iurisdiction des Consuls.

ARTICLE I.

DECLARONS communs pour tous les Sieges des Juges & Consuls, l'Edit de leur établissement dans nostre bonne Ville de Paris, du mois de Novembre 1563. & tous autres Edits & Declarations touchant la Jurisdiction Consulaire, enregistrez en nos Cours de Parlement.

ARTICLE II.

LES Juges & Consuls connoistront de tous Billets de Change faits entre Negocians & Marchands, ou dont ils devront la valeur ; & entre toutes personnes, pour Lettres de Change ou remises d'argent faites de place en place.

ARTICLE III.

LEUR défendons neantmoins de connoistre des Billets de Change entre Particuliers, autres que Negocians & Marchands, ou dont ils ne devront point la valeur. Voulons que les Parties se pourvoyent pardevant les Juges ordinaires, ainsi que pour de simples promesses.

ARTICLE IV.

LES Juges & Consuls connoistront des differends pour ventes faites par des Marchands, Artisans & Gens de Mestier, afin de revendre ou de travailler de leur profession; comme à Tailleurs d'habits pour étoffes, passemens, & autres fournitures; Boulangers & Pastissiers pour bled & farine; Maçons pour pierre, moëllon & plastre; Charpentiers, Menuisiers, Charrons, Tonneliers, & Tourneurs, pour bois; Serruriers, Mareschaux, Taillandiers, & Armuriers, pour fer; Plombiers & Fonteniers pour plomb, & autres semblables.

ARTICLE V.

CONNOISTRONT aussi des gages, salaire

&

& pensions des Commissionaires, Facteurs ou serviteurs des Marchands pour le fait du Trafic seulement.

ARTICLE VI.

Ne pourront les Juges & Consuls, connoistre des contestations pour nourritures, entretiens, & emmeublemens, mesme entre Marchands, si ce n'est qu'ils en fassent profession.

ARTICLE VII.

Les Juges & Consuls connoistront des differends à cause des assurances, grosses aventures, promesses, obligations, & contracts, concernant le Commerce de la Mer, le fret & le naulage des Vaisseaux.

ARTICLE VIII.

Connoistront aussi du Commerce fait pendant les Foires tenuës és lieux de leur établissement ; si l'attribution n'en est faite aux Juges Conservateurs du privilege des Foires.

ARTICLE IX.

Connoistront pareillement de l'execution de nos Lettres, lorsqu'elles seront incidentes aux affaires de leur competence, pourveu qu'il ne s'agisse pas de l'estat ou qualité des personnes.

ARTICLE X.

Les gens d'Eglise, Gentilshommes & Bourgeois, Laboureurs, Vignerons, & autres, pourront faire assigner pour ventes de bleds, vins, bestiaux, & autres denrées procedant de leur crû, ou pardevant les Juges ordinaires, ou pardevant les Juges & Consuls, si les ventes ont esté faites à des Marchands ou Artisans, faisant profession de revendre.

ARTICLE XI.

Ne sera étably dans la Jurisdiction Consulaire, aucun Procureur Syndic, ni autre Officier, s'il n'est ordonné par l'Edit de creation du Siege, ou autre Edit deuëment registré.

ARTICLE XII.

Les procedures de la Jurisdiction Consulaire seront faites suivant les formes prescrites par le Titre seiziesme de nostre Ordonnance du mois d'Avril mil six cens soixante sept.

ARTICLE XIII.

Les Juges & Consuls dans les matieres de leur competence, pourront juger nonobstant tout déclinatoire, appel d'incompetence, prise-à-partie, renvoy requis & signifié, mesme en vertu de nos Lettres de *Committimus* aux Requestes de nostre Hostel ou du Palais; le privilege des Universitez, des Lettres de Garde-gardienne, & tous autres.

ARTICLE XIV.

Seront tenus neantmoins, si la connoissance ne leur appartient pas, de déferer au déclinatoire, à l'appel d'incompetence, à la prise-à-partie, & au renvoy.

ARTICLE XV.

Declarons nulles toutes Ordonnances, Commissions, Mandemens pour faire assigner, & les Assignations données en consequence pardevant nos Juges, & ceux des Seigneurs en revocation de celles qui auront esté données pardevant les Juges & Consuls. Défendons à peine de nullité, de casser ou surseoir les procedures & les poursuites en execution de leurs Sentences, ni faire défenses de proceder pardevant eux. Voulons qu'en vertu de nostre presente Ordonnance, elles soient executées, & que les Parties qui auront presenté leurs Requestes pour faire casser, revoquer, surseoir, ou défendre l'execution de leurs Jugemens; les Procureurs qui les auront signées, & les Huissiers ou Sergens qui les auront signifiées, soient condamnez chacun en cinquante livres d'amende, moitié au profit de la Partie, & moitié au profit des Pauvres; qui ne pourront estre remises ni moderées: au payement desquelles la Partie, les Procureurs & les Sergens seront contraints solidairement.

ARTICLE XVI.

LES Veuves & Heritiers des Marchands, Negocians, & autres, contre lesquels on pourroit se pourvoir pardevant les Juges & Consuls, y seront assignez, ou en reprise, ou par nouvelle action. Et en cas que la qualité, ou de Commune, ou d'Heritier pur & simple, ou par Benefice d'inventaire, soit contestée ; ou qu'il s'agisse de doüaire ou de legs universel ou particulier, les Parties seront renvoyées pardevant les Juges ordinaires pour les regler : Et aprés le jugement de la qualité, doüaire ou legs, elles seront renvoyées pardevant les Juges & Consuls.

ARTICLE XVII.

DANS les matieres attribuées aux Juges & Consuls, le Creancier pourra faire donner l'assignation à son choix, ou au lieu du domicile du debiteur, ou au lieu auquel la promesse a esté faite, & la marchandise fournie ; ou au lieu auquel le payement doit estre fait.

ARTICLE XVIII.

Les Assignations pour le Commerce maritime, seront données pardevant les Juges & Consuls du lieu où le contract aura esté passé. Declarons nulles celles qui seront données pardevant les Juges & Consuls du lieu d'où le vaisseau sera parti, ou de celuy où il aura fait naufrage.

Si donnons en mandement à nos amez & feaux les Gens tenans nos Cours de Parlement, Chambres des Comptes, Cours des Aydes, Baillifs, Seneschaux, & tous autres nos Officiers, que ces Presentes ils gardent, observent & entretiennent, fassent garder, observer & entretenir; Et pour les rendre notoires à nos sujets, les fassent lire, publier & registrer. Car tel est nostre plaisir. Et afin que ce soit chose ferme & stable à toûjours, Nous y avons fait mettre nostre scel. Donné à Versailles au mois de Mars l'an de grace mil six cens soixante-treize; & de nostre regne le trentiesme. Signé LOUIS. *Et plus bas*, Par le Roy, Colbert. *Et à costé est escrit*, *Visa*, Dalicre. *Edit pour le Commerce.* Et scellé du grand sceau de cire verte sur lacs de soye rouge & verte.

Leu, publié, & registré, Oüi, & ce requerant le Procureur General du Roy, pour estre executé selon sa forme & teneur. A Paris en Parlement, le Roy y sceant en son lit de Justice, le vingt-troisiéme Mars mil six cens soixante-treize.

Signé, DU TILLET.

Leu, publié, & registré en la Chambre des Comptes, Oüi & ce consentant le Procureur General du Roy, du tres-exprés commandement de sa Majesté, porté par Monsieur le Duc d'Orleans son Frere unique, venu exprés en ladite Chambre, assisté du sieur du Plessis-Praslin, Maréchal, Duc & Pair de France, & des sieurs Pussort & de Bénard-Rezé, Conseillers d'Estat ordinaires, le vingt-troisiéme Mars mil six cens soixante-treize.

Signé, RICHER.

Leu, publié, & registré du tres-exprés Commandement du Roy, porté par Monsieur le Prince de Condé, premier Prince du Sang, assisté du sieur de Grancé de Medavy, Maréchal de France, & des sieurs Voisin & de Fieubet, Conseillers ordinaires du Roy, Oüi, ce requerant & consentant son Procureur General, pour estre executé selon sa forme &

teneur : Et ordonné que Copies collationnées seront envoyées és Siéges des Elections, Greniers à Sel, & autres Jurisdictions du ressort de la Cour, pour y estre pareillement leuës, publiées, & enregistrées. Enjoint aux Substituts dudit Procureur General du Roy esdits Siéges d'en certifier la Cour au mois. A Paris en la Cour des Aydes, les Chambres assemblées, le vingt-troisiéme Mars mil six cens soixante-treize.

Signé, BOUCHER.

EDIT DU ROY,

SERVANT DE REGLEMENT pour les Epices & Vacations des Commissaires, & autres frais de Justice.

LOUIS PAR LA GRACE DE DIEU ROY DE FRANCE ET DE NAVARRE: A tous presens & à venir, SALUT. La Justice devant estre renduë gratuitement, l'usage des siecles précedens a neantmoins introduit en faveur des Juges quelque retribution au delà des gages que Nous leur avons accordé, dont Nous avons intention de Nous charger à l'avenir, lorsque l'estat de nos affaires le permettra. Cependant Nous avons resolu d'y pourvoir par un temperemment convenable. A CES CAUSES: De l'Avis de nostre Conseil, & de nostre certaine science, pleine puissance & autorité Royale, Nous avons dit, declaré & ordonné, disons, declarons, ordonnons, & nous plaist ce qui ensuit.

Des Epices & Consignations des Commissaires, & autres droits, & frais de Justice.

ARTICLE I.

VOULONS que par provision, & en attendant que l'estat de nos affaires Nous puisse permettre d'augmenter les gages de nos Officiers de Judicature, pour leur donner moyen de rendre gratuitement la justice à nos sujets, aucuns de nos Juges ou autres, mesme nos Cours, ne puissent prendre d'autres Epices, Salaires, ni Vacations pour les visites, rapports & jugemens des Procez civils ou criminels, que celles qui seront taxées par celuy qui aura presidé; sans qu'on puisse prendre ni recevoir aucuns autres droits, sous prétexte d'extraits, de *sciendum*, ou d'arrests.

ARTICLE II.

NE seront taxées aucunes Epices pour les Procés qui seront évoquez, ou dont la connoissance ſera interdite aux Juges, encore que le Rapporteur en ait fait l'Extrait, qu'ils ayent eſté mis ſur le Bureau, & meſme eſté veus & examinez.

ARTICLE III.

LORS qu'en matiere Beneficiale aprés la communication au Parquet, toutes les Parties ſeront d'accord de paſſer Appointement à l'Audience ſur la maintenuë diffinitive du Benefice contentieux, s'il intervient Arreſt portant que les titres & capacitez des Parties ſeront veuës, ne pourront en ce cas eſtre taxées aucunes Epices pour le rapport, viſite, & jugement du Procés.

ARTICLE IV.

CELUY qui aura preſidé, écrira de ſa main au bas des minutes des Arreſts, Jugemens & Sentences, la taxe des Epices & Vacations; & en ſera fait mention par les Greffiers ſur les Groſſes & Expeditions qu'ils delivreront tant des Arreſts que des Jugemens & Sentences; comme auſſi de tous les droits de Greffe & de l'expedition.

ARTICLE V.

LES Epices & Vacations ſeront payées par les

mains des Greffiers ou autres personnes chargées par l'ordre des Compagnies, qui en tiendront Registres, à la marge desquels ceux qui les auront receus mettront leur receu, sans qu'eux ou leurs Clercs puissent les prendre ni recevoir par les mains des Parties ou autres personnes, ni les Greffiers percevoir pour raison de ce aucuns droits : Et où il y auroit des Receveurs des Epices & Vacations établis en titre d'Office, Voulons qu'ils ayent à se retirer pardevers Nous, pour estre incessamment pourveu à leur remboursement.

ARTICLE VI.

La communication des Arrests, Jugemens, & Sentences qui auront esté mises au Greffe, ne pourra estre refusée aux Parties, encore que les Epices & Vacations n'ayent esté payées, à peine de soixante livres d'amende contre le Greffier de nos Cours, & de trente livres contre ceux des autres Justices, qui ne pourra estre remise ni moderée, à faute par eux de satisfaire dans la huitaine à la premiere sommation qui leur aura esté faite, à leurs Clercs ou Commis.

ARTICLE VII.

DE'FENDONS à toutes nos Cours & Juges, mesme à ceux des Seigneurs, de décerner en leurs noms, ni de leurs Greffiers ou Receveurs, aucuns Executoires pour le payement de leurs Epices & Vacations, à peine de concussion. Pourront neantmoins les Executoires estre délivrez aux Parties interessées au procez, qui les auront déboursées, ainsi qu'il est accoûtumé.

ARTICLE VIII.

DEFENDONS à tous Juges de prendre aucunes taxes ni salaires pour les Permissions de saisir ou d'assigner, ni pour les Publications de testamens & substitutions, baux judiciaires, vente de fruits, & de choses mobiliaires, remises & adjudications par decret & par licitation, & pour avoir receu les affirmations.

ARTICLE IX.

LES Officiers des Présidiaux qui ont financé pour les droits de signature & paraphe, rapporteront leurs titres dans six mois; passé lequel temps, faute d'y satisfaire, Nous leur défendons de continuer la perception de ces droits, à peine de concussion.

ARTICLE X.

NE seront taxées ni prises aucunes Epices pour Arrests, Jugemens, ou Sentences renduës sur requeste d'une Partie sans oüir l'autre, tant en matiere Civile que Criminelle, à peine de concussion, & des dépens, dommages & interests contre celuy qui aura fait la taxe; si ce n'est qu'en matiere Criminelle il y ait des Procez verbaux ou Informations concernant le crime, jointes à la Requeste.

ARTICLE XI.

DE'FENDONS à tous Officiers, mesme de nos Cours, d'assister à la distribution & numeration des deniers provenans des biens decretez & licitez, & des deniers déposez, qui seront payez par les Receveurs des Consignations ou Greffiers, encore qu'ils eussent esté requis par les Parties d'y assister; ni de prendre ou recevoir pour raison de ce aucunes Epices ou Salaires.

ARTICLE XII.

NE seront taxées aucunes Epices aux Substituts de nos Procureurs Generaux, ſur les requeſtes de l'une des parties ſans oüir l'autre ; defauts, congez, & autres affaires, pour leſquelles nous avons défendu aux Juges de prendre des Epices.

ARTICLE XIII.

Nos Advocats & Procureurs és Bailliages, Seneſchauſſées, Sieges Préſidiaux & autres Sieges inferieurs, les Advocats & Procureurs Fiſcaux des Seigneurs, & les Promoteurs des Officialitez, ne pourront prendre aucuns droits ni vacations pour leur rapport à l'Audience des Enqueſtes, Informations & Concluſions par eux verbalement données.

ARTICLE XIV.

Ne pourront auſſi nos Avocats & Procureurs dans les Sieges inferieurs, prendre aucunes Epices pour la ſignature des Sentences & Jugemens par Appointé entre les Procureurs des Parties, ſous prétexte de noſtre intereſt ou de celuy du public, de l'Egliſe ou des Mineurs, à peine de ſuſpenſion de leurs charges.

ARTICLE XV.

Ne feront pris aucuns droits pour l'Enregiſtrement des Concluſions.

ARTICLE XVI.

Enjoignons à nos Cours de Parlemens & autres nos Cours, en prononçant ſur l'appel des Sentences des Juges inferieurs, de reformer la taxe des Epices, ſi elle eſt jugée exceſſive, encore meſme que de ce chef il n'y ait point d'appel; d'en ordonner la reſtitution tant par le Rapporteur que par celuy qui les aura taxées, & d'y uſer de plus grande ſeverité & animadverſion, s'il y échet.

ARTICLE XVII.

Voulons que tous Procez, tant Civils que Criminels, ſoient jugez à l'ordinaire en toutes nos Cours, Sieges & Juſtices, meſme en celle des Seigneurs. Défendons d'en juger par Commiſſaires, ni de commettre par les Juges aucuns d'entre eux, pour aux jours & heures extraordinaires faire les calculs, voir les titres, & arreſter les dates & autres points & articles de fait.

ARTICLE

ARTICLE XVIII.

N'ENTENDONS neantmoins rien innover à l'usage de nostre Parlement de Paris, pour la visite des Procés par petits Commissaires, qui ne se pourra faire pendant les heures d'Audience des Procés de l'ordinaire.

ARTICLE XIX.

NE pourront neantmoins aucuns Procés estre veus par petits Commissaires, aux Chambres des Enquestes & de nostre Parlement de Paris, que le fait & l'état n'en ayent esté sommairement rapportez toute la Chambre assemblée, & qu'il n'ait passé des deux tiers des voix à les voir par petits Commissaires.

ARTICLE XX.

PERMETTONS à nos Cours seulement de juger par Commissaires les Procés ou Instances où il y a plus de cinq chefs de demandes au fond, justifiées par differens moyens, sans que les demandes concernant la procedure puissent estre comptées; les Procés & Instances d'ordre &

de distribution de deniers procedant de vente d'immeubles, & de contribution d'effets mobiliaires entre des Creanciers; ceux de liquidation de fruits, de dommages & interests, de debats de comptes, d'oppositions à fin de charges & de distraire, des taxes de dépens excedans dix croix; le tout, pourveu que ce dont il sera question au Procés, excede la somme de mille livres sans que sous ce pretexte, l'on y puisse comprendre les Appellations de simples saisies reelles d'immeubles, Criées, Congez d'adjuger, Adjudications par decret, & des poursuites & procedures d'un Decret; Saisie d'effets mobiliaires, de Sentences de condamnation de rendre compte, de restitution de fruits, & de dommages & interests, & tous autres en quelque cas que ce puisse estre; ni que nos Cours qui n'ont point accoûtumé de juger par Commissaires, puissent en introduire l'usage. Et sera le contenu au present Article observé, à peine de nullité des jugemens, restitution d'Epices & Consignations, & des dommages & interests des Parties contre les Juges, pour raison desquels leur permettons de se pourvoir pardevers Nous.

ARTICLE XXI.

POURRONT neantmoins les Officiers de

nostre Grand Conseil seulement, continuër de voir par Commissaires, outre les cas mentionnez au precedent Article, les Procés & Instances pour raison des bornes & limites des terres & seigneuries, quand il y aura descente & figure; Combat de fief; Blasme d'aveu & dénombrement; Commise & Dépiez de Fief; Droits honorifiques entre Seigneurs prétendans Justice; Patronages Ecclesiastique ou Laïque entre Patrons; Dixmes entre Decimeurs; les Procés pour raison des Communes, ou entre deux Seigneurs, ou entre un Seigneur & la Communauté; ceux pour la Banalité entre la Communauté & le Seigneur, ou entre deux Seigneurs; ceux de Substitution, Retrait lignager, quand les degrez, lignes, & descentes seront contestées; & ceux concernans le domicile, en cas de Succession & Partage conjointement; sans qu'ils puissent juger par grands Commissaires aucuns autres Procés ni Instances, aux peines portées par l'Article precedent.

ARTICLE XXII.

ABROGEONS l'usage de juger par Commissaires les procés évoquez, s'ils ne sont dans l'un des cas exprimez dans l'Article precedent.

ARTICLE XXIII.

Les executions des Arrests, incidens & suites des Procés qui auront esté veus & jugez par Commissaires, seront veus & jugez à l'ordinaire; si ce n'est que les executions, incidens & suites se trouvent estre de la qualité, & en l'un des cas exprimez par nostre presente Declaration.

ARTICLE XXIV.

Il n'y aura pour chacune Vacation de Commissaires que six écus d'épices. N'entendons neantmoins que sous pretexte du present Article celles de nos Cours qui n'ont pas accoûtumé de prendre de si grandes sommes, puissent les augmenter.

ARTICLE XXV.

Défendons de prendre plus de trois Vacations par chacun jour, depuis le premier Octobre jusques au dernier Fevrier; & plus de quatre depuis le premier Mars jusques au dernier Septembre; & sans qu'à l'occasion du present Article, les Cours qui ont accoûtumé de ne faire qu'une Vacation en une apresdinée, puissent les augmenter.

ARTICLE XXVI.

Ne pourront nos Cours quitter les Audiences, ni la Visite & Jugement des Procés de l'ordinaire, pour travailler aux Procés des Commissaires, ni és jours de Festes & de Dimanches, ni és maisons particulieres des Presidens & Conseillers.

ARTICLE XXVII.

Defendons au Grand Prevost de nostre Hostel & à ses Lieutenans Generaux & Particuliers, de prendre pour la Visite & Jugement des Procés, avec les Maistres des Requestes ordinaires de nostre Hostel, Officiers de nostre Grand Conseil, ou autres Officiers ou Graduez, plus grande somme que celle de dix-neuf livres quatre sols pour le Rapporteur, & trois livres quatre sols pour chacun des Juges, pour chacune Vacation & Epices.

ARTICLE XXVIII.

Les Avocats seront tenus de mettre au pied

de leurs Ecritures le receu de leurs salaires, à peine de restitution & de rejet de la taxe de dépens.

ARTICLE XXIX.

Les Clercs ou Commis des Presidens, Maistres des Requestes, Conseillers, de nos Avocats & Procureurs Generaux & de leurs Substituts, & des Greffiers & Avocats, ne pourront prendre & recevoir plus grands droits que ceux qui passent en taxe aux Parties, encore qu'ils leur fussent volontairement offerts, à peine d'exaction, qui pourra estre prouvée par la déposition de six témoins, quoy-qu'interessez, & qu'ils déposent de faits singuliers.

ARTICLE XXX.

Défendons aux Lieutenans Generaux des Baillifs, Seneschaux, & autres Juges commis par nos Ordonnances, pour parapher les feüilles des Registres des Baptesmes, Mariages & Mortuaires, de prendre ni recevoir aucuns droits ni salaires pour leur paraphe, que Nous leur enjoignons de faire gratuitement, à peine de concussion.

SI DONNONS EN MANDEMENT à nos amez & feaux les gens tenans nos Cours de Parlement, Chambre des Comptes, Cour des Aydes, Baillifs, Seneſchaux, & tous autres nos Officiers, que ces Preſentes ils gardent, obſervent, & entretiennent, faſſent garder, obſerver, & entretenir; & pour les rendre notoires à nos ſujets, les faſſent lire, publier, & enregiſtrer. CAR tel eſt noſtre plaiſir. Et afin que ce ſoit choſe ferme & ſtable à toûjours, Nous y avons fait mettre noſtre ſcel. Donné à Verſailles, au mois de Mars, l'an de grace mil ſix cens ſoixante-treize, & de noſtre regne le trentiéme. Signé, LOUIS. *Et plus bas*, Par le Roy, COLBERT. *Et à coſté eſt écrit, Viſa*, DALIGRE. *Edit pour ſervir de Reglement des Epices & Vacations des Commiſſaires.* Et ſcellé du grand ſceau de cire verte ſur lacs de ſoye rouge & verte.

Leu, publié, & regiſtré, oüi, & ce requerent le Procureur General du Roy, pour eſtre executé ſelon ſa forme & teneur. A Paris en Parlement, le Roy y ſeant en ſon lit de Juſtice, le vingt-troiſiéme Mars mil ſix cens ſoixante-treize.

Signé, Du TILLET.

Leu, publié, & registré en la Chambre des Comptes, oüi & ce consentant le Procureur General du Roy, du tres-exprés commandement de sa Majesté, porté par Monsieur le Duc d'Orleans son Frere unique, venu exprés en ladite Chambre, assisté du sieur du Plessis-Praslin, Mareschal, Duc & Pair de France, & des sieurs Pussort & de Bénard-Rezé, Conseillers d'Etat ordinaires, le vingt-troisiéme Mars mil six cens soixante-treize.

Signé, RICHER.

Leu, publié, & registré du tres-exprés commandement du Roy, porté par Monsieur le Prince de Condé, premier Prince du Sang, assisté du sieur de Grancey de Medavy, Mareschal de France, & des sieurs Voisin & de Fieubet, Conseillers ordinaires du Roy : Oüi, ce requerant & consentant son Procureur General, pour estre executé selon sa forme & teneur ; & ordonné que copies collationnées seront envoyées és Sieges des Elections, Greniers à Sel, & autres Jurisdictions du ressort de la Cour, pour y estre pareillement leuës, publiées, & enregistrées. Enjoint aux Substituts dudit Procureur General du Roy d'en certifier la Cour au mois. A Paris, en la Cour des Aydes, les Chambres assemblées, le vingt-troisiéme jour de Mars, mil six cens soixante-treize. Signé, BOUCHER.

EDIT

EDIT DU ROY,

PORTANT ETABLISSEMENT des Greffes d'Enregistrement des Oppositions, pour conserver la preference aux Hypoteques.

OUIS PAR LA GRACE DE DIEU ROY DE FRANCE ET DE NAVARRE, A tous presens & à venir, SALUT. L'amour paternel que Nous avons pour nos sujets Nous obligeant de pourvoir à leurs interests particuliers ; & l'application que Nous y avons apportée, Nous ayant fait connoistre que la conservation de leurs fortunes dépend principalement d'establir la seureté dans les Hypoteques, & d'empescher que les biens d'un Débiteur solvable ne soient consommez en frais de Justice, faute de pouvoir faire paroistre sa solvabilité: Nous n'avons point trouvé de meilleur moyen, que de rendre publiques toutes les Hypoteques, & de perfectionner par une disposition universelle, ce que quelques Coûtumes de nostre Royaume avoient essayé de faire par la voye des saisines & des nantissemens. C'est pourquoy Nous avons résolu d'establir des Greffes d'Enregistrement, dans lesquels ceux qui auront des hypoteques pourront former & faire enregistrer leurs oppositions; & ce faisant, seront préferez à ceux qui auront negligé de le faire: Et par ce moyen on pourra prester avec seureté, & acquerir sans crainte d'estre évincé; les Créanciers seront certains de la fortune de leurs Débiteurs, & ne seront ni dans la crainte de les voir perir, ni dans l'inquietude d'y veiller; & les Acquereurs seront asseurez de n'estre plus troublez dans leur possession par des charges ou hypoteques anterieures. A CES CAUSES, & autres considerations à ce Nous mouvant; de l'Avis de nostre Conseil, & de nostre certaine science, pleine puissance, & autorité Royale, Nous avons dit, déclaré, & ordonné; & par ces Presentes signées de nostre main, disons, déclarons, statuons, voulons, & nous plaist ce qui ensuit.

ARTICLE I.

Il sera estably un Greffe en chacun Bailliage & Senéchaussée des lieux où il y a Présidial, & dans les principaux Bailliages & Senéchaussées des Provinces où il n'y a point de Présidiaux, dans lesquels tous ceux qui prétendront hypoteques, pourront s'opposer pour la seureté & conservation de leurs droits; & sera nommé Greffe des Enregistremens.

ARTICLE II.

Les Greffiers seront par Nous pourveus, & seront receus sans aucuns frais, par les Baillifs & Senéchaux, ou leurs Lieutenans, dans la Jurisdiction desquels ils seront establis, aprés information de vie & mœurs, & qu'ils auront presté le serment.

ARTICLE III.

Ils tiendront un Registre, dont les feüillets seront cottez par premier & dernier, & paraphez par le Juge, avant qu'il puisse y estre fait aucun Enregistrement.

ARTICLE IV.

LES feüillets du Registre seront divisez par une ligne droite, par moitié du feüillet du haut en bas.

ARTICLE V.

IL sera fait un Procés verbal par le Juge en la premiere page du Registre, qui contiendra le nombre des feüillets, & le jour que le Paraphe aura esté fait; & sera le Procés verbal signé du Juge & du Greffier.

ARTICLE VI.

LES Juges recevront du Greffier, pour tous droits d'avoir cotté & paraphé les feüillets du Registre, de quelque grosseur & volume qu'il puisse estre, & pour leur Procés verbal, la somme de cinq livres : leur faisons défense d'éxiger ny recevoir plus grande somme, encore qu'elle leur fust volontairement offerte, à peine de concussion.

ARTICLE VII.

Il ne sera laissé aucun blanc entre les Enregistremens, à peine d'estre procedé contre le Greffier comme faussaire, & de quinze cens livres d'amende, dommages, & interests des parties.

ARTICLE VIII.

Le Registre sera representé au Juge, & par luy arresté au bas du dernier article par chacun mois, avec mention du nombre des feüillets dans lesquels les oppositions auront esté faites depuis le dernier arresté ; & s'il s'y trouve aucun blanc, il en sera dressé par luy Procés verbal, pour y estre pourveu ; lequel arresté sera daté & signé de luy & du Greffier, & recevra le Juge quarante sols du Greffier pour l'arresté, signature, & Procés verbal énoncé au present Article.

ARTICLE IX.

Il sera fait un Procés verbal par le Juge en la derniere page du Registre, qui fera mention de l'estat d'iceluy ; & sera le Procés verbal signé du Juge & du Greffier, sans frais.

ARTICLE X.

Le Greffe sera establi dans le lieu de la Jurisdiction du Bailliage, ou Senéchaussée, qui sera trouvé le plus seur, & le plus commode; auquel lieu les Enregistremens seront faits, & les Registres déposez, sans qu'ils en puissent estre tirez, mesme en cas de changement & déceds des Greffiers.

ARTICLE XI.

Défendons aux Greffiers de faire aucuns Enregistremens, en autres lieux que dans les Greffes, ni d'en tirer les Registres, sous quelque prétexte, & pour quelque occasion que ce soit; le tout à peine de privation de leurs Offices, & de quatre mille livres d'amende.

ARTICLE XII.

Ceux qui auront hypoteque en vertu de quelque titre que ce soit, mesme de Sentences, Jugemens, ou Arrests, sur heritages, rentes foncieres, ou constituées par Nous sur les Hostels de Ville, Domaines engagez, Offices Domaniaux, & autres immeubles qui ont une situation certaine, pourront former leurs oppositions aux Greffes des Enregistremens des Bailliages & Senéchaussées de la situation des immeubles, sur lesquels ils auront hypoteque.

ARTICLE XIII.

L'OPPOSITION sera libellée, & contiendra les sommes ou droits pour lesquels elle sera formée, avec mention du nom du Créancier, de celuy du Débiteur, ensemble des Titres sur lesquels la creance ou droit seront establis. Comme aussi seront énoncez la date & les noms des Notaires, Tabellions, & autres personnes publiques, qui les auront receus, & s'il y en a minute ou non; & si ce sont Sentences, Jugemens, ou Arrests, sera fait mention de la Jurisdiction en laquelle ils auront esté rendus.

ARTICLE XIV.

L'OPPOSITION contiendra aussi élection de domicile pour l'Opposant, dans le lieu où se fera l'Enregistrement. Elle sera datée, & fait mention si c'est devant ou aprés midy, & signée de l'Opposant, ou du Porteur de sa procuration, & du Greffier.

ARTICLE XV.

Le Créancier sera tenu de déclarer par son opposition, la Ville, le Bourg, le Village ou Hameau, la Parroisse & Terroir, où l'immeuble sera situé ; sa dénomination, s'il en à aucune, & le nom du Propriétaire ; & si c'est une maison qui soit située dans une Ville ou Bourg, la ruë sera désignée.

ARTICLE XVI.

La Procuration sera passée pardevant Notaire, qui retiendra la minute, & en sera laissé copie au Greffe.

ARTICLE XVII.

Le contenu aux quatre Articles précedens sera observé, à peine de nullité.

ARTICLE XVIII.

Ceux qui n'ayant point de titres valables, auront formé & enregistré des oppositions, seront condamnez en cinq cens livres d'amende, sans qu'elle qu'elle puisse estre remise ni moderée, & aux dommages & interests de celuy sur les biens duquel les oppositions auront esté enregistrées.

ARTICLE XIX.

Le Greffier sera tenu de délivrer, quand il en sera requis, les Extraits de son Registre, & d'y cotter le jour de l'opposition, le Registre & le feüillet où elle aura esté enregistrée, à peine de quinze cens livres d'amende, & des dommages & interests des Parties.

ARTICLE XX.

Le domicile éleu par l'acte d'opposition demeurera, nonobstant tous changemens, s'il n'en est fait nouvelle élection, & qu'elle ne soit enregistrée à la marge de l'opposition, datée, & signée par l'Opposant, ou par le Porteur de sa Procuration, ensemble par le Greffier; & elle sera paraphée par le Juge au premier arresté qu'il fera du Registre.

ARTICLE XXI.

Les Creanciers dont les oppositions auront esté

enregistrées, seront préferez, sur les immeubles sur lesquels ils auront formé leurs oppositions, à tous autres Creanciers non opposans, quoy qu'anterieurs & privilegiez.

ARTICLE XXII.

NEANTMOINS ceux dont les creances ou droits n'excederont la somme ou valeur de deux cens livres, ou de dix livres de rente, seront conservez dans leurs hypoteques & privileges, encore qu'ils n'ayent fait enregistrer aucune opposition, pourveu neantmoins que toutes les sommes pour lesquelles l'opposition aura esté formée, accumulées ensemble, n'excedent la somme de deux cens livres.

ARTICLE XXIII.

LES oppositions qui auront esté enregistrées dans les quatre mois pour ceux qui sont dans le Royaume, & dans les six mois pour ceux qui en sont absens : c'est à sçavoir, pour les Contracts, Donations, & autres Actes, du jour qu'ils auront esté passez ; & pour les Jugemens, Sentences & Arrests, du jour qu'ils auront esté rendus ; auront un effet retroactif au jour que les

Actes auront esté passez; & à celuy que les sentences, jugemens & arrests auront esté rendus: & en consequence prendront leur hipoteque du jour des contracts, sentences, jugemens & arrests.

ARTICLE XXIV.

LES Creanciers privilegiez, qui se seront opposez dans les quatre mois du jour de leurs contracts, obligations, ou autres titres, seront conservez dans leurs privileges.

ARTICLE XXV.

SI l'opposition, soit pour l'hypoteque ou privilege, n'est enregistrée qu'aprés les quatre mois, elle n'aura effet que du jour de l'enregistrement.

ARTICLE XXVI.

CEUX qui alieneront des heritages, rentes foncieres, ou par Nous constituées sur les Hostels de Ville, Domaines engagez, Offices Domaniaux, & autres immeubles qui ont une situation certaine; ou qui emprunteront des deniers par contracts & actes portans hypoteque, seront tenus, à peine de ſtellionat, de declarer les contracts & actes portans hypoteque, qu'ils auront paſſez dans les quatre mois precedens, & pareillement les ſentences, jugemens & arreſts portans hypoteque ſur leurs biens, qui leur auront eſté ſignifiez, ou qui auront eſté rendus contradictoirement à l'Audience pendant le même temps des quatre mois precedens.

ARTICLE XXVII.

Les Creanciers qui ſe ſeront oppoſez ſur les biens dont leurs Debiteurs ſeront devenus proprietaires depuis l'hypoteque creée à leur profit, ſeront preferez aux autres Creanciers non oppoſans, ou qui ſe ſeront oppoſez aprés les quatre mois, pourveu qu'ils ayent fait regiſtrer leur oppoſition dans les quatre mois du jour que les biens auront eſté acquis par leurs Debiteurs, ou qu'ils leur ſeront écheus.

ARTICLE XXVIII.

L'ordre d'hypoteque des contracts & actes ſera gardé entre ceux qui ſe ſeront oppoſez dans les quatre mois.

ARTICLE XXIX.

Si les oppositions ne sont formées qu'aprés les quatre mois, elles n'auront effet que du jour de l'enregistrement.

ARTICLE XXX.

Les Creanciers d'un defunt qui auront fait enregistrer leur opposition avant son decez sur les immeubles à luy appartenans, ne seront obligez de la former de nouveau aprés son decez.

ARTICLE XXXI.

Ceux qui n'auront point fait enregistrer leur opposition avant le decez de leur Debiteur, le pourront faire dans les quatre mois, à compter du jour de son decez; auquel cas ils seront preferez aux Creanciers de l'heritier sur les biens du defunt, ausquels ils auront formé leurs oppositions; & si elle n'est enregistrée qu'aprés les quatre mois, ils n'entreront en ordre que du jour de l'enregistrement pour raison des mesmes biens.

ARTICLE XXXII.

Le Creancier du defunt, auquel l'heritier aura passé titre nouvel, ou qui l'aura fait declarer executoire contre luy, & qui aura fait enregistrer son opposition dans les quatre mois du jugement ou titre nouvel, aura hypoteque sur les biens de l'heritier du jour du jugement ou titre nouvel.

ARTICLE XXXIII.

Si le Creancier du defunt n'a point fait enregistrer son opposition avant son decez, ni dans les quatre mois, à compter du jour de son decez, les Creanciers de l'heritier qui auront fait enregistrer leurs oppositions, luy seront préferez, tant sur les biens du defunt, que sur ceux de l'heritier, sur lesquels ils auront fait enregistrer leurs oppositions.

ARTICLE XXXIV.

Ceux qui s'opposeront en sous-ordre dans le temps & en la maniere cy-dessus prescrite, sur les biens hypotequez à leurs Debiteurs, seront preferez aux autres Creanciers de leurs Debiteurs qui ne se seront point opposez.

ARTICLE XXXV.

L'ORDRE des Enregistremens sera gardé entre les opposans en sous-ordre, comme il le seroit entre les principaux Opposans.

ARTICLE XXXVI.

SI le Creancier originaire est negligent de s'opposer, & de faire enregistrer son opposition sur les biens de son Debiteur, son Creancier pourra le faire, sans qu'il soit besoin de le faire ordonner, & l'enregistrement ne vaudra que pour luy, & jusques à la concurrence de la debte pour laquelle il aura formé son opposition.

ARTICLE XXXVII.

CELUY qui aura transport d'une debte pour laquelle son Cedant aura fait enregistrer son opposition, sera tenu dans les temps cy-dessus prescripts de faire mention du transport à costé de l'enregistrement de l'opposition, autrement il n'aura aucune préference.

ARTICLE XXXVIII.

Le mesme sera observé pour toutes les debtes écheuës par succession, donation, ou autrement.

ARTICLE XXXIX.

Le Creancier pourra former & faire enregistrer son opposition par un mesme Acte, pour differentes debtes, & sur plusieurs immeubles appartenans au mesme Debiteur, pourveu qu'ils soient situez en mesme Bailliage & Senéchaussée.

ARTICLE XL.

Les Creanciers qui auront fait registrer leurs oppositions aprés les quatre mois, en mesme jour & heure, devant ou aprés midy, seront mis en ordre entre eux, suivant la priorité & privilege de leurs hypoteques.

ARTICLE XLI.

Ceux qui n'auront point fait enregistrer leurs oppositions, seront mis en ordre entre eux, suivant

leurs

leurs hypoteques & privileges, aprés ceux toutesfois qui seront enregistrez.

ARTICLE XLII.

CEUX qui acquereront des immeubles, ou ausquels ils escherront à autre titre que de succession, ou legs universel, seront tenus de faire signifier les titres de leur proprieté à ceux qui auront fait enregistrer leurs oppositions, soit qu'ils soient principaux opposans, ou seulement en sous-ordre, aux domiciles par eux éleus; autrement ils ne pourront acquerir aucune Prescription au dessous de celle de trente ans.

ARTICLE XLIII.

Les significations seront faites par un Huissier, Sergent ou autre Officier ayant pouvoir d'exploiter, assisté de deux témoins ou records, qui signeront avec luy l'Original & la Copie des Exploits, avec les autres solemnitez prescrites par nostre Ordonnance du mois d'Avril 1667. au titre des Ajournemens; lesquelles significations seront aussi contrôllées.

ARTICLE XLIV.

Il ſera fait mention ſommaire ſur le Regiſtre en la marge de chacune oppoſition, tant du titre du nouveau poſſeſſeur, que des ſignifications qui en auront eſté faites aux oppoſans, enſemble de leurs dates, & du nom du Sergent qui les aura faites.

ARTICLE XLV.

Le contenu aux deux Articles precedens ſera obſervé, à peine de nullité.

ARTICLE XLVI.

Aucune Preſcription, au deſſous de celle de trente ans, ne commencera à courir au profit du nouveau poſſeſſeur, que du jour de l'enregiſtrement de la ſignification faite en la forme cy-deſſus preſcrite.

ARTICLE XLVII.

En tous Decrets forcez ou volontaires, ceux qui feront ſaiſir réellement les immeubles, ſeront tenus de faire ſignifier avant le Congé d'ajuger, leur Saiſie réelle à ceux qui auront formé leur oppoſition sur le Registre, aux domiciles par eux esleus par l'acte d'opposition, à peine de nullité de la procedure, & du Decret, & de tous dépens, dommages & interests des Parties.

ARTICLE XLVIII.

LA signification sera faite suivant les formalitez prescrites par l'Article 43. & contiendra le nom, qualité, & domicile du Saisissant; celuy du Procureur par luy constitué pour la poursuite des Criées; comme aussi le nom de celuy sur qui l'heritage aura esté saisi, la Parroisse dans laquelle les heritages sont situez, & le nom de la ruë, si c'est une maison qui soit située dans une Ville, ou Bourg, ensemble la Jurisdiction en laquelle le Decret sera poursuivi.

ARTICLE XLIX.

AUCUN ne pourra estre approprié d'un immeuble situé dans la Province de Bretagne, qu'auparavant de commencer les Bannies, il n'ait fait signifier son Contract d'acquisition à ceux qui auront fait enregistrer leurs oppositions, ensemble la Jurisdiction en laquelle il entend poursuivre l'appropriance, & le nom de son Procureur.

ARTICLE L.

Les significations concernant les approprian-ces, seront faites suivant les formalitez prescrites par l'Article 43.

ARTICLE LI.

Sera fait mention sommaire sur le Registre en la marge de chacune opposition des significations qui auront esté faites aux opposans, pour raison desdits Decrets & Appropriances, ensemble de leurs dates, & du nom des Sergens qui les auront faites.

ARTICLE LII.

Le contenu és Articles 48. 49. 50. & 51. sera observé, à peine de nullité.

ARTICLE LIII.

N'entendons par nostre present Edit dispenser de l'execution des Ordonnances concernant l'Insinuation des Donations & publications des Substitutions, qui demeureront en leur force

& vigueur, & ne pourront les Insinuations & Publications valoir pour Enregistremens, ni en suppléer le defaut.

ARTICLE LIV.

Aucune sentence, jugement, & arrest ne pourront suppléer le defaut d'Enregistrement. Defendons à tous Juges, mesme à nos Cours, de l'ordonner, à peine de nullité, & à tous Procureurs de le requerir, à peine de cinq cens livres d'amende en leurs noms, laquelle ne pourra estre remise ni moderée.

ARTICLE LV.

Les Creanciers qui ont des hypoteques & privileges acquis avant nostre present Edit, y seront conservez, pourveu qu'ils forment & fassent enregistrer leurs oppositions dans trois ans, à commencer du premier jour du mois de Juillet prochain; autrement, & à faute de l'avoir fait dans les trois ans, ils n'auront préference que du jour que leurs oppositions auront esté enregistrées.

ARTICLE LVI.

EXCEPTONS de nostre present Edit les hypoteques & privileges que Nous avons sur les biens de nos Fermiers comptables, & autres qui ont eu maniment de nos deniers; lesquels hypoteques & privileges auront lieu comme auparavant, sans que pour les conserver il soit besoin d'aucun enregistrement.

ARTICLE LVII.

N'ENTENDONS aussi comprendre en nostre present Edit les hypoteques des Mineurs sur les biens de leurs Tuteurs, Protuteurs, ou Curateurs comptables; sans neanmoins que ceux qui jouïssent du privilege des Mineurs soient dispensez de former & faire registrer leurs oppositions sur les biens des Administrateurs, Scindics, & autres qui ont eu le maniment de leurs biens.

ARTICLE LVIII.

LES Mineurs seront neantmoins tenus, dans l'an aprés leur majorité, de former leur opposition sur les biens de leurs Tuteurs, Protuteurs, ou Curateurs comptables, & de la faire enregistrer en la maniere cy-dessus: auquel cas ils seront conservez dans leurs hypoteques du jour de l'Acte de Tutelle; & si leur opposition n'est registrée qu'aprés l'année de leur majorité, elle n'aura effet que du jour de l'enregistrement.

ARTICLE LIX.

Les Tuteurs, Protuteurs & Curateurs comptables seront tenus de former & faire enregistrer leurs oppositions sur les biens des Débiteurs de leurs Mineurs pour la conservation de leurs hypoteques, à peine de payer en leurs noms les sommes que les Mineurs auroient perduës, à faute d'avoir fait les Enregistremens.

ARTICLE LX.

Exceptons pareillement les hipoteques des femmes sur les biens de leurs maris, pour dot, doüaire, & autres droits procedans de leurs mariages.

ARTICLE LXI.

Elles auront aussi indemnité & hypoteque du

jour de leur contract de mariage, sur les biens de leurs maris, pour les obligations dans lesquelles elles seront entrées avec eux, encore qu'elles n'ayent formé, ni fait enregistrer aucune opposition.

ARTICLE LXII.

Les Creanciers qui auront formé & fait enregistrer leur opposition sur les biens du mari, dans les quatre mois du jour du contract ou obligation, en laquelle la femme sera entrée conjointement avec son mary & pour luy, auront aussi hypoteque sur les biens du mary, du jour du contract de mariage; autrement l'indemnité ne pourra avoir un effet retroactif au contract de mariage, & ils n'auront hypoteque que du jour de l'enregistrement.

ARTICLE LXIII.

Les femmes separées de biens d'avec leurs maris, seront tenuës de former & faire enregistrer leurs oppositions sur les biens de leurs maris, pour la conservation des hypoteques à elles appartenans, dans les quatre mois de l'acte ou jugement de separation; autrement, & les quatre mois passez, elles ne seront mises en ordre avec les Creanciers qui auront fait enregistrer leurs oppositions, que du jour de l'enregistrement par elles fait.

ARTICLE

ARTICLE LXIV.

LES veuves seront aussi tenuës de former & faire enregistrer leurs oppositions dans l'année du jour du decez de leurs maris ; autrement elles n'auront hypoteque sur les biens que du jour qu'elles auront fait registrer leur opposition.

ARTICLE LXV.

EXCEPTONS pareillement de la necessité des Enregistremens, le Doüaire des enfans és Coûtumes où il leur est propre ; neantmoins ceux qui seront majeurs, seront tenus de former leur opposition, & la faire enregistrer dans les quatre mois du decez du pere ; autrement ils n'auront hypoteque sur ses biens que du jour de l'Enregistrement.

ARTICLE LXVI.

LES biens des Receveurs des Consignations & des Commissaires aux Saisies reelles, acquis depuis qu'ils ont esté receus en leurs charges, demeureront affectez & hypotequez aux creanciers des Consignations & des Saisies reelles par préference, sans qu'il soit besoin d'enregistrer aucune opposition : & à l'égard des biens que les Receveurs des Consignations & Commissaires aux Saisies réelles auront acquis avant leur reception & prestation de Serment, les Creanciers des Consignations & des Saisies réelles y auront hypoteque du jour de leur reception & prestation de serment, sans qu'ils soient tenus de faire aucun Enregistrement.

ARTICLE LXVII.

LES Seigneurs feodaux ou censiers ne seront tenus pour la conservation de leurs droits, soit qu'ils soient écheus ou non, de faire aucune opposition ni enregistrement sur les heritages, fiefs, & droits, estans en leur censive & mouvance ; mais à l'égard des autres biens, ils seront tenus de faire leur opposition, & la faire enregistrer, comme tous les autres Creanciers.

ARTICLE LXVIII.

IL ne sera point aussi necessaire de faire aucun Enregistrement sur les heritages chargez d'un usufruit, estably par les Ordonnances, le Droit & les Coustumes ; mais à l'égard des autres biens de celuy qui sera obligé à l'usufruit, l'usufruitier sera tenu d'y former son Opposition, & de la faire enregistrer comme tous les autres Creanciers.

ARTICLE LXIX.

SI l'usufruit est constitué par convention seulement, il sera sujet à l'enregistrement, sans neantmoins déroger à l'Article LX. concernant les conventions des femmes.

ARTICLE LXX.

VOULONS que les Beneficiers soient maintenus dans le privilege à eux appartenant, pour les degradations & reparations des bastimens & lieux dépendans de leurs Benefices, sur les biens des precedens Titulaires, du jour de leur prise de possession, sans qu'ils soient tenus de faire aucune opposition ni enregistrement pour la conservation de leur Privilege.

ARTICLE LXXI.

ABROGEONS l'usage des Saisines & Nantissemens pour acquerir hypoteque & préference, dérogeant pour cét effet à toutes Coustumes contraires.

ARTICLE LXXII.

NEANTMOINS ceux dont les Contracts ont esté nantis ou ensaisinez, seront conservez dans leurs préferences, pourveu qu'ils forment leur opposition, & qu'ils la fassent registrer dans les six mois, à commencer du premier jour du mois de Jüillet de la presente année, autrement & à faute de l'avoir fait dans les six mois, ils n'auront preference que du jour que leurs oppositions auront esté enregistrées.

ARTICLE LXXIII.

LES Greffiers seront tenus de délivrer à ceux qui les en requereront des Extraits des Enregistremens qui seront sur leurs Registres, ou des Certificats qu'il n'y en a aucun, aux peines portées par l'Article XI.

ARTICLE LXXIV.

ILS seront responsables de la verité de leurs Certificats, s'il se trouve des oppositions, lors qu'ils auront certifié qu'il n'y en a point; ou s'il s'en trouve d'autres que celles mentionnées dans l'Extrait qu'ils auront délivré.

ARTICLE LXXV.

Ils seront tenus de comprendre dans les Extraits qu'ils délivreront toutes les oppositions qui auront esté faites sur l'immeuble sur lequel les oppositions dont on demandera l'Extrait, auront esté faites.

ARTICLE LXXVI.

Les Greffiers ne prendront que trente sols pour chacun Enregistrement, & pareille somme pou chacun Extrait qu'ils délivreront : leur faisons défense d'éxiger ni recevoir plus grands droits, encore qu'ils leur fussent volontairement offerts, à peine de concussion.

ARTICLE LXXVII.

Les Oppositions, Enregistremens, & autres Actes énoncez en nostre present Edict, seront faits conformément aux Formules mises sous le contre-scel d'iceluy, sans neantmoins que l'obmission d'aucuns des mots qui y sont employez puisse induire la nullité des actes.

ARTICLE LXXVIII.

VOULONS que nostre present Edit soit ponctuellement gardé & observé dans tout nostre Royaume, Terres, & Pays de nostre obeïssance, à commencer au premier jour du mois de Juillet de la presente année, nonobstant toutes Ordonnances, Loix, Coûtumes ou Statuts, Reglemens, Stiles & Usages differens ou contraires aux dispositions y contenuës, qui demeureront abrogées.

SI DONNONS EN MANDEMENT à nos amez & feaux Conseillers, les Gens tenans nos Cours de Parlement à Paris, que ces Presentes ils fassent lire, publier & registrer, & le contenu en icelles garder & observer selon sa forme & teneur, cessans & faisans cesser tous empeschemens qui pourroient estre mis ou donnez au contraire: CAR tel est nostre plaisir. Et afin que ce soit chose ferme & stable à toûjours, Nous avons fait mettre nostre scel à cesdites presentes. Donné à Versailles au mois de Mars, l'an de grace mil six cens soixante-treize; & de nostre regne le trentiéme. Signé, LOUIS. *Et plus bas*, Par le Roy, COLBERT. *Et à costé est écrit*, *Visa*, D'ALIGRE. *Edit d'Establissement de Greffes d'Enregistremens des Oppositions.* E:

ſcellé du grand ſceau de cire verte ſur lacs de ſoye rouge & verte.

Leu, publié, & regiſtré, Oui, & ce requerant le Procureur General du Roy, pour eſtre executé ſelon ſa forme & teneur. A Paris en Parlement, le Roy y ſeant en ſon lit de Juſtice, le vingt-troiſiéme Mars mil ſix cens ſoixante-treize.

Signé, DU TILLET.

Leu, publié, & regiſtré en la Chambre des Comptes, Oui & ce conſentant le Procureur General du Roy, du tres-exprés commandement de ſa Majeſté, porté par Monſieur le Duc d'Orleans ſon Frere unique, venu exprés en ladite Chambre, aſſiſté du ſieur du Pleſſis-Praſlin, Mareſchal, Duc & Pair de France, & des ſieurs Puſſort & de Bénard-Rezé, Conſeillers d'Etat ordinaires, le vingt-troiſiéme Mars mil ſix cens ſoixante-treize.

Signé, RICHER.

Leu, publié, & regiſtré du tres-exprés commandement du Roy, porté par Monſieur le Prince de Condé, premier Prince du Sang, aſſiſté du ſieur de Grancey de Medavy, Mareſchal de France, & des sieurs Voisin & de Fieubet, Conseillers ordinaires du Roy; Oüi, ce requerant & consentant son Procureur General, pour estre executé selon sa forme & teneur : & ordonné que copies collationnées seront envoyées és Siéges des Elections, Greniers à Sel, & autres Jurisdictions du ressort de la Cour, pour y estre pareillement leuës, publiées, & enregistrées. Enjoint aux Substituts dudit Procureur General du Roy esdits Sieges d'en certifier la Cour au mois. A Paris en la Cour des Aydes, les Chambres assemblées, le vingt-troisiéme Mars mil six cens soixante-treize.

Signé, BOUCHER.

FORMULES

FORMULES DES ACTES ORDONNEZ PAR L'EDIT des Enregistremens des Hypoteques.

FORMULE DU PROCES VERBAL du Paraphe du Registre, suivant l'Article V.

L'AN mil six cens soixante le
jour d
pardevant Nous
est comparu Maître
Greffier des Enregistremens du
lequel nous a representé un Registre in folio, couvert de
contenant
feüillets blancs, pour servir à l'Enregistrement des Oppositions qui seront faites suivant l'Edit du mois de Mars 1673. lesquels feüillets dudit Registre Nous avons cottez & paraphez les an & jour que dessus; & a ledit Greffier signé avec Nous le present Procez verbal.

Formule de Procés verbal de la verification des feüillets du Registre, suivant les Articles VIII. & IX.

L'AN mil six cens soixante le jour d a midy, le Registre du Greffe des Enregistremens du Siege du a esté representé par devant Nous par Greffier desdits Enregistremens, & avons trouvé que depuis le jour d jusques à ce jourd'huy, il y a feüillets tous écrits dudit Registre sans aucuns blancs, dont Nous avons donné Acte audit Greffier qui a signé avec nous.

Avant ou aprés midy.

S'il y a du blanc, en sera fait mention.

Formule des Actes d'Opposition, suivant les Articles XIII. XIV. & XV.

L'AN mil six cens soixante le jour d a midy, est comparu au Greffe des Enregistremens du Maistre fondé de Procuration ou de passée pardevant le lequel a déclaré qu'il forme son Opposition, pour estre conservé en ses droits sur situé à dans le ressort du appartenant à & ce suivant le Contract passé au profit dudit Opposant par ledit à pardevant le jour d

Bailliage, Senéchaussée, ou Presidial.

D'hypoteque, privilege, ou preference.

Contract, Sentence, ou autre titre.

Et s'il n'y a Minute le declarer.

ſigné de dont la minute eſt demeurée entre les mains de par lequel Contract il eſt porté & à l'effet de la preſente Oppoſition, a l'Oppoſant éleu ſon domicile en la maiſon de de la preſente Ville, ruë & a ſigné avec moy Greffier ſouſſigné.

Formule du changement de domicile, ſuivant l'Article XX.

L'AN mil ſix cens ſoixante le jour d à midy, eſt comparu au Greffe des Enregiſtremens de Maiſtre ou porteur de la Procuration de paſſée pardevant le lequel a déclaré qu'il a revoqué, comme il révoque par le preſent acte, l'élection de domicile faite par l'Acte d'Oppoſition inſerée au preſent Regiſtre le jour d feüillet & au lieu d'iceluy, a de nouveau éleu ſon domicile en la maiſon de de la preſente Ville, ruë à l'effet de ladite Oppoſition, & a ſigné avec moy Greffier ſouſſigné.

Formule de l'Oppoſition en ſouſ-ordre, ſuivant l'Article XXXIV.

L'AN mil ſix cens ſoixante le jour d à midy, eſt comparu au Greffe des Enregiſtremens du Maiſtre ou porteur de la Procuration de

passée pardevant lequel comme Creancier
le a déclaré qu'il formoit
de
son Opposition , pour estre conservé en ses droits d'Hypoteque, Privilege ou Préference , & estre colloqué en sous-ordre au lieu & place de
son Debiteur , en vertu du Contract passé à son profit par ledit
à
pardevant le
jour d mil six cens
signé de dont la minute est demeurée ès
mains de
par lequel Contract il est porté
& ce sur situé à
dans le ressort d
appartenant à
Debiteur dudit à l'effet de laquelle
Opposition a l'Opposant éleu son domicile en la maison de
de la presente Ville,
ruë & a signé avec moy
Greffier soussigné

Formule de la Signification des Contracts d'Acquisition, suivant les Articles XLII. *&* XLIII.

L'An mil six cens soixante le
jour d a
midy, à la requeste de
demeurant à
je Huissier immatri-
culé à residant à
soussigné, ay signifié, & baillé copie à
en la maison de en la ville
de domicile par luy éleu par l'Acte
d'Opposition faite au Greffe des Enregistremens de ladite Ville de
le
jour du mois de mil six cens

en parlant à
du Contract passé à son profit par
le jour du mois de
mil six cens pardevant Notaire à
par lequel il est porté
à ce qu'il n'en ignore ; & a éleu ledit
son domicile en la maison de
de la presente Ville, ruë
Fait en la presence de
temoins, qui ont signé avec moy l'Original & la Copie du present Exploit. Contrôllé le jour de
mil six cens soixante

Formule de l'Enregistrement de l'Exploit cy-dessus à la marge des Oppositions, suivant l'Article XLIV.

L'An mil six cens soixante le
jour d a
midy, est comparu au Greffe des Enregistremens de
Maistre
lequel a represénté le Contract d'aquisition par luy fait de
passé le
jour de mil six cens
pardevant Notaire à
signifié à sa requeste à par
Exploit du fait par
Sergent à

Formule de la Signification des Saisies réelles avant le Congé d'adjuger, suivant les Articles XLVII. & XLVIII.

L'An mil six cens soixante le
jour d à
midy, à la requeste de

demeurant à je résidant
Huissier immatriculé à soussigné, ay signifié, & baillé copie à en la maison
de en la Ville
de domicile éleu par l'Acte
d'Opposition faite au Greffe des Enregistremens de ladite Ville de en parlant
à de la saisie réelle faite à la reques-
te dudit le
par Huissier à
de situé en la Parroisse de
réellement saisi sur & décla-
ré que ladite saisie réelle se poursuit pardevant
& que Maistre est Procureur dudit
Fait en la presence de
demeurant à & de
demeurant à témoins, qui ont
signé avec moy Huissier soussigné, l'Original & la Copie du present
Exploit. Contrôllé le jour d
mil six cens soixante

Formule touchant les Appropriances de Bretagne, suivant les Articles XLIX. *&* L.

L'AN mil six cens soixante le
jour d a
midy, à la requeste de
demeurant à je
Huissier immatriculé à résidant à
soussigné, ay signifié, & baillé copie à
en la maison de en la Ville
de domicile éleu par l'Acte d'Opposi-
tion faite au Greffe des Enregistremens de ladite Ville, le
en parlant à

du Contract passé le pardevant Notaire à par lequel ledit a acquis situez en la Parroisse de & déclaré que ledit poursuivra l'Appropriance desdits heritages pardevant suivant la forme prescrite par la Coustume de Bretagne, & qu'il a constitué Maistre Procureur pour ladite poursuite. Fait en la presence de demeurans à témoins, qui ont signé avec moy Huissier soussigné, l'Original & la Copie du present Exploit. Contrôllé le jour d mil six cens soixante

Formule du Procés verbal qui sera mention sur le Registre des Significations faites pour raison des Decrets & Appropriances, suivant l'Article LI.

L'AN mil six cens soixante le jour d à midi, Maistre a representé une Signification du faite à par Huissier immatriculé à résidant à d'un Contract passé le pardevant Notaire à par lequel ledit a acquis de situé en la Parroisse de & par ladite signification a déclaré qu'il poursuivroit l'Appropriance de pardevant dont Nous faisons icy mention, suivant l'Article cinquante-un de l'Edit des Enregistremens.

FAIT & arresté au Conseil Royal des Finances, tenu par Sa Majesté à Versailles le vingt-uniéme jour de Mars mil six cens soixante-treize.

Signé, COLBERT.

Leuës, publiées, & registrées, Oüi, & ce requerant le Procureur General du Roy, pour estre executées selon leur forme & teneur. A Paris en Parlement, le Roy y seant en son lit de Justice, le vingt-troisiéme Mars mil six cens soixante-treize. Signé, DU TILLET.

Leuës, publiées, & registrées en la Chambre des Comptes, Oüi & ce consentant le Procureur General du Roy, du tres-exprés commandement de sa Majesté, porté par Monsieur le Duc d'Orleans son Frere unique, venu exprés en ladite Chambre, assisté du sieur du Plessis-Praslin, Maréchal, Duc & Pair de France, & des sieurs Pussort & de Bénard-Rezé, Conseillers d'Estat ordinaires, le vingt-troisiéme Mars mil six cens soixante-treize. Signé, RICHER.

Leuës, publiées, & registrées du tres-exprés Commandement du Roy, porté par Monsieur le Prince de Condé, premier Prince du Sang, assisté du sieur de Grancey de Medavy, Maréchal de France, & des sieurs Voisin & de Fieubet, Conseillers ordinaires du Roy, Oüi, ce requerant & consentant son Procureur General, pour estre executées selon leur forme & teneur: & ordonné que copies collationnées seront envoyées és Siéges des Elections, Greniers à Sel, & autres Jurisdictions du ressort de la Cour, pour y estre pareillement leuës, publiées, & enregistrées. Enjoint aux Substituts dudit Procureur General du Roy esdits Sieges, d'en certifier la Cour au mois. A Paris en la Cour des Aydes, les Chambres assemblées, le vingt-troisiéme Mars mil six cens soixante-treize. Signé, BOUCHER.

DECLARATION DU ROY,

SUR LA FORME DE L'ENregistrement des Edits & Lettres Patentes concernant les affaires du Roy dans les Compagnies.

LOUIS PAR LA GRACE DE DIEU ROY DE FRANCE ET DE NAVARRE, A tous ceux qui ces presentes Lettres verront, SALUT. Comme il importe à nostre Service & au bien de nostre Etat, que nos Ordonnances, Edicts, Declarations & Lettres Patentes concernant les affaires publiques, émanées de nostre authorité & propre mouvement, soient incessamment registrées en nos Cours, pour estre publiées & executées, Nous aurions pour prévenir les longueurs desdits Enregistremens, entre autres choſes ordonné par les Articles deux & cinquiéme du Titre premier de noſtre Ordonnance du mois d'Avril mil ſix cens ſoixante-ſept, que nos Cours qui ſe trouveroient dans le lieu de noſtre ſejour, ſeroient tenuës de Nous repreſenter ce qu'elles jugeroient à propos, ſur le contenu eſdites Ordonnances, Edicts, Declarations, & Lettres Patentes, dans la huitaine aprés leur Déliberation; & les Compagnies qui en ſeroient plus éloignées, dans ſix ſemaines; aprés lequel temps, elles ſeroient tenuës pour publiées & regiſtrées. Et dautant que les differentes interpretations, qui ſeroient données à la diſpoſition deſdits Articles, pourroient eſtre préjudiciables au bien de noſtre Service, & aux preſſantes affaires de noſtre Etat, par le retardement qui ſeroit apporté à l'éxecution de nos Ordres, Nous avons reſolu d'expliquer ſur ce nos intentions par nos Lettres de Declaration à ce neceſſaires. A CES CAUSES, de l'Avis de noſtre Conſeil, qui a veu leſdits Articles deux & cinquiéme du Titre premier de noſtre Ordonnance du mois d'Avril mil ſix cens ſoixante-ſept, & de noſtre certaine ſcience, pleine puiſſance & authorité Royale, Nous avons dit & declaré, & par ces preſentes ſignées de noſtre main, diſons & declarons, voulons & nous plaiſt, que nos Procureurs Generaux, qui recevront noſdites Ordonnances, Edits, Declarations & Lettres Patentes, expediées pour affaires publiques, ſoit de Juſtice ou de Finance, émanées de noſtre ſeule authorité & propre mouvement, ſans partie, avec nos Lettres de Cachet, portans nos Ordres pour l'Enregiſtrement d'icelles, ſoient tenus de s'en charger ſur le Regiſtre du Maiſtre des Couriers, ou d'en donner leur certification en forme à ceux qui leur rendront les dépeſches de noſtre part. Comme auſſi, qu'incontinent que nos Procureurs Generaux auront receu nos Lettres, ils en informent le Premier Preſident, ou celuy qui preſidera en ſon abſence; luy demandent, ſi beſoin eſt, l'Aſſemblée des Chambres ou des Semeſtres, laquelle le Premier Preſident convoquera dans trois jours, où nos Procureurs Generaux preſenteront les Edits, Ordonnances, Declarations & Lettres Patentes, dont ils ſeront chargez, avec nos Lettres de Cachet. Le Premier Preſident diſtribuëra ſur le champ noſdites Lettres Patentes, ſur leſquelles le Conſeiller Rapporteur mettra le *Soit monſtré*, & les rendra à noſtre Procureur General avant la levée de la ſeance. Nos Procureurs Generaux donneront dans vingt-quatre heures apres leurs Concluſions ſur le contenu auſdites Lettres, & les rendront au Conſeiller Rapporteur. Trois jours aprés le Conſeiller Rapporteur en fera ſon rapport ; & à cét effet celuy qui preſidera, aſſemblera les Chambres ou Semeſtres en la maniere accoûtumée, & fera déliberer ſur icelles, toutes affaires ceſſantes, meſme la viſite & jugement des procez criminels, & les propres affaires des Compagnies. DEFENDONS à nos Cours de recevoir aucunes oppoſitions à l'Enregiſtrement de noſdites Lettres Patentes, aux Greffiers d'icelles de les enregiſtrer, & à tous Huiſſiers d'en faire la ſignification, à peine de ſuſpenſion de leurs charges, ſoit qu'elles ſoient faites de la part des Corps, Communautez ou Particuliers, de quelque qualité qu'ils puiſſent eſtre, ou par les Sindics, Procureurs Generaux ou Aſſemblées des Communautez, ſauf à eux à ſe retirer pardevers Nous pour leur eſtre pourveu. VOULONS que nos Cours ayent à enregiſtrer purement & ſimplement nos Lettres Patentes, ſans aucune modification, reſtriction, ni autres clauſes qui en puiſſent surſeoir ou empeſcher la pleine & entiere execution. Et neantmoins où nos Cours en déliberant ſur nos Lettres, jugeroient neceſſaire de Nous faire leurs Remonſtrances ſur le contenu, le Regiſtre en ſera chargé, & l'arreſté redigé aprés toutesfois que l'Arreſt d'Enregiſtrement pur & ſimple deſdites Lettres aura eſté donné ſéparement de l'arresté qui aura ordonné lesdites Remonstrances; & en consequence, celuy qui aura presidé pourvoira à ce que les Remonstrances soient dressées dans la huitaine par les Commissaires de la Compagnie qui seront par luy députez, pour estre délivrées à nostre Procureur General, avec l'Arrest qui les aura ordonnées, dont il se chargera au Greffe. Les Remonstrances Nous seront faites ou presentées dans la huitaine par nos Cours de nostre bonne Ville de Paris, ou autres, qui se trouveront dans le lieu de nostre sejour; & dans six semaines, par nos autres Cours des Provinces. En cas que sur le rapport qui Nous sera fait des Remonstrances, Nous les jugions mal-fondées, & n'y devoir avoir aucun égard, Nous ferons sçavoir nos intentions à nostre Procureur General, pour en donner avis aux Compagnies, & tenir la main à l'execution de nos Ordonnances, Edits & Declarations qui auront donné lieu aux Remonstrances: & où elles Nous sembleront bien fondées, & que Nous trouverons à propos d'y déferer en tout ou partie, Nous envoyerons à cet effet nos Declarations aux Compagnies, dont nos Procureurs Generaux se chargeront comme dessus, & provoqueront l'Assemblée des Chambres ou Semestres, les presenteront avec nos Lettres de Cachet au premier President en pleine seance, &

en requereront l'Enregistrement pur & simple. Ce que nos Cours seront tenuës de faire, sans qu'aucun des Officiers puisse ouvrir aucun avis contraire, ni nos Cours ordonner aucune nouvelle Remontrance sur nos premieres & secondes Lettres, à peine d'interdiction, laquelle ne pourra estre levée sans nos Lettres signées de nostre exprés commandement, par l'un de nos Secretaires d'Etat, & scellées de nostre grand sceau; Nous reservant d'user de plus grande peine s'il y échet; & sans que la presente clause puisse estre censée comminatoire, ni éludée pour quelque cause & sous quelque pretexte que ce puisse estre. Les Greffiers tiendront leurs feüilles des Avis & de toutes les Déliberations qui seront prises sur le sujet desdites Lettres, lesquelles ils feront parapher avant la levée des seances, par celuy qui aura presidé, & remettront lesdites feüilles és mains de nos Procureurs Generaux, pour Nous estre envoyées: Et à cet effet, les Greffiers assisteront à la presentation qui sera faite de nosdites Lettres par nos Procureurs Generaux, & à toutes les Déliberations qui seront prises sur icelles, nonobstant tous Usages à ce contraires. N'entendons neantmoins comprendre aux dispositions cy-dessus nos Lettres Patentes expediées sous le nom & au profit des particuliers, à l'égard desquels les oppositions pourront estre receuës, & nos Cours ordonner qu'avant y faire droit, elles ſeront communiquées aux Parties. SI DONNONS EN MANDEMENT à nos amez & feaux Conſeillers les Gens tenans noſtre Cour de Parlement à Paris, que ces Preſentes ils ayent à regiſtrer, & le contenu en icelles garder & obſerver ſelon ſa forme & teneur, nonobſtant tous Reglemens, Uſages, & autres choſes à ce contraires, auſquelles Nous avons dérogé & dérogeons : Car tel eſt noſtre plaiſir. En témoin dequoy Nous, avons fait mettre noſtre ſcel à ces Preſentes. DONNE'ES à Saint Germain en Laye, le vingt-quatriéme jour de Février, l'an de grace mil ſix cens ſoixante & treize : Et de noſtre regne le trentiéme. Signé, LOUIS; *Et plus bas*, Par le Roy, COLBERT : Et ſcellées du grand ſceau de cire jaune.

Leuës, publiées, & regiſtrées, Oüi, & ce requerant le Procureur General du Roy, pour eſtre executées ſelon leur forme & teneur. A Paris en Parlement, le Roy y ſeant en ſon lit de Juſtice, le vingt-troiſiéme Mars mil ſix cens ſoixante-treize. Signé, DU TILLET.

Leuës, publiées, & regiſtrées en la Chambre des Comptes, Oüi & ce conſentant le Procureur General du Roy, du tres-exprés commandement de ſa Majeſté, porté par Monſieur le Duc d'Orleans ſon Frere unique, venu exprés en ladite Chambre, aſſiſté du ſieur du Pleſſis-Praſlin, Maréchal, Duc & Pair de France, & des ſieurs Puſſort & de Bénard-Rezé, Conſeillers d'Estat ordinaires, le vingt-troisiéme Mars mil six cens soixante-treize. Signé, RICHER.

Leuës, publiées, & registrées du tres-exprés Commandement du Roy, porté par Monsieur le Prince de Condé, premier Prince du Sang, assisté du sieur de Grancey de Medavy, Maréchal de France, & des sieurs Voisin & de Fieubet, Conseillers ordinaires du Roy, Oüi, ce requerant & consentant son Procureur General, pour estre executées selon leur forme & teneur: & ordonné que copies collationnées seront envoyées és Sieges des Elections, Greniers à Sel, & autres Jurisdictions du ressort de la Cour, pour y estre pareillement leuës, publiées, & enregistrées. Enjoint aux Substituts dudit Procureur General du Roy esdits Sieges, d'en certifier la Cour au mois. A Paris en la Cour des Aydes, les Chambres assemblées, le vingt-troisiéme Mars mil six cens soixante-treize. Signé, BOUCHER.

TABLE

TABLE DES MATIERES PRINCIPALES.

Q

C

D

E

dans

G

N

R

S

TABLE DES MATIERES.

FIN.

Extrait du Privilege du Roy.

PAR grace & Privilege du Roy, donné à Saint Germain en Laye, le septiéme jour d'Aoust 1668. Signé, LOUIS; *& plus bas*, Par le Roy, DE GUENEGAUD; & scellé du grand sceau de cire jaune: Il est permis à Messire FRANÇOIS D'AUBUSSON, Pair de France, Duc de Roannez, Comte de la Feüillade, Lieutenant General des Camps & Armées de sa Majesté, de faire imprimer par les Libraires ou Imprimeurs qu'il aura choisis, *Les Edits, Declarations, Reglemens & Arrests du Conseil qui pourroient estre donnez par sa Majesté, ou par sondit Conseil, en interpretation de ses Nouvelles Ordonnances, ou pour la reformation de la Iustice*; durant le temps & espace de cinquante années, à compter du jour qu'ils seront achevez d'imprimer pour la premiere fois: avec défenses à toutes personnes de quelque qualité ou condition qu'elles soient, d'en imprimer, vendre ni debiter aucun dans le Royaume, Pays & Terres de l'obeïssance de sa Majesté, que de ceux imprimez par lesdits Imprimeurs choisis; sous peine de confiscation de tous les exemplaires, & de vingt mil livres d'amende, payable sans déport par chacun des contrevenans, & de plus grande punition s'il y échet.

Monseigneur le Duc de la Feüillade a cedé un tiers du Privilege cy-dessus à Denys Thierry & à ses Associez, pour en joüir le temps porté par iceluy.

A PARIS.

De l'Imprimerie de DENYS THIERRY, ruë Saint Jacques, vis-à-vis la ruë du Plastre, à l'Enseigne de la Ville de Paris.

www.ingramcontent.com/pod-product-compliance
Lightning Source LLC
LaVergne TN
LVHW012007220826
846092LV00001B/268

9782329789651